年報 日本現代史 第 26 号 2021

社会運動の一九六〇年代再考

編集委員
赤澤史朗 豊下楢彦 森武磨 吉田裕
明田川融 安達宏昭 高岡裕之 戸邉秀明 沼尻晃伸

現代史料出版

特集にあたって

戸邉　秀明

一九六〇年代に対する社会的な関心が、ますます高まっている。世界的な経済成長の時代に生まれた、技術革新と生活革命の様相に対する風俗史的な関心は、その最たるものだろう。と同時に、そうした社会の激変に対して起こった社会運動についても、あらためて光が当たりつつある。

とりわけ「一九六八年」に象徴される学生運動や「若者の叛乱」とその周辺に関する議論が盛んとなり、研究においても、複数の分野から取り組まれている。特に社会学の分野では、小熊英二『1968』上下（新曜社、二〇〇九年）を皮切りに、社会運動論の観点から聴き取りを多用した小杉亮子『東大闘争の語り――社会運動の予示と戦略』（新曜社、二〇一八年）など、実証的な水準を満たした学生運動・新左翼運動の研究が刊行された。これらがいずれも、すぐさま当事者による反論で迎えられ、学界だけでなく広く議論を呼んだことは、当時の運動で提起された問題の大きさと、いまなお解決されない記憶とを、この社会が膨大に抱えていることを示した。

また、「一九六八年」に象徴される社会運動は、当初から国際的な比較と連関を念頭に分析されている点も特徴である。日本語の書籍だけでも、ノルベルト・フライ『1968年――反乱のグローバリズム』（みすず書房、二〇一二年）、油井大三郎編『越境する一九六〇年代――米国・日本・西欧の国際比較』（彩流社、二〇一二年）、西田慎・

梅﨑透編著『グローバル・ヒストリーとしての「1968年」――世界が揺れた転換点』（ミネルヴァ書房、二〇一五年）、雑誌『思想』第一一二九号の特集「1968」（岩波書店、二〇一八年五月）などが刊行されている（二〇一八年を前後して、関連した国際シンポジウムや学会報告も数多く開催された）。これらは、当時の社会運動が、世界各地で同時多発的に起こり、相互に関心と連絡を持ち、刺激し合ったグローバルな性格を有していた点に着目し、いわば「社会運動のグローバル・ヒストリー」の構想を前提とする。日本の六〇年代の動向も、そうした地球規模の連関のなかに位置づけられる。この背景には、グローバル化と新自由主義が引き起こした貧困や格差に抗する運動が、半世紀前の「異議申し立て」の声を再発見する動きがあった。

他方、こうした展開の背景には、当事者の高齢化により、記憶と記録をどのように残し、伝えていくかという課題に、現代史研究が直面している現実がある。それが博物館展示や出版物など、パブリック・ヒストリーにおいて、六〇年代の運動史を前景化させる重要な要因としてあるだろう。国立の博物館が社会運動を正面切って対象化して話題になった国立歴史民俗博物館の企画展「『1968年』――無数の問いの噴出の時代」（二〇一七年）も、その出発点は日大と東大の二つの大学紛争に関する運動側の史料をまとまって収蔵したことが契機となっている。北井一夫や渡辺眸等による、新左翼党派や学生運動に関する写真集の復刊や新編集版の刊行も続き、映画でも代島治彦監督によって、三里塚二部作に続き、第一次羽田闘争の死者をめぐる映画「きみが死んだあとで」（二〇二一年）が制作・上映されて話題を呼んだ。

半世紀という節目を頂点に盛り上がりを見せたこのような動向は、現代史研究において、ひとつの大きな山を築いた感がある。現代史研究のなかでも、新たな研究者が現れにくく、他の分野に比して研究が遅れていた社会運動の現代史を活性化した点で、積極的意味を持っている。とりわけ日本の戦後史を、グローバルな連関のもとで考えるための重要な契機となった意義は大きい。

だがこうした研究状況を見渡すと、取り上げられる社会運動の具体的な対象は、新左翼系列の学生運動や「新しい社会運動」へつながる住民運動・市民運動が大勢となっている。またその論じ方には、「そこから新しい運動が始まった」という、それ以前の運動との断絶を強く打ち出し、大衆社会化を、先進諸国における所与の社会変動とみなす点で、共通する傾向がある。

この点についていては、すでに道場親信が批判的な問題提起をしている（道場「戦後日本の社会運動」『岩波講座日本歴史19　近現代5』岩波書店、二〇一五年）。道場は、戦後日本の社会運動を論じる議論の枠組み（史観）のなかで、「新しい社会運動」史観を批判の俎上にのせる。この史観は、住民運動・市民運動の当事者以上に、社会学者たちが作り出したものだった。欧米から導入した理論的枠組みに適した運動を取り上げ、その先進性を、過去の運動との断絶面を強調して描くことで、実態と乖離した運動像を再生産してしまったことを、道場は鋭く指摘した（より詳しくは、道場「1960―70年代「市民運動」「住民運動」の歴史的位置――中断された「公共性」論議と運動史的文脈をつなぎ直すために」『社会学評論』第二二六号、日本社会学会、二〇〇六年を参照されたい）。右に見た研究の多くも、現代の社会問題や諸運動につながる先駆性を見出そうとするため、分析は実証性を高めながらも、運動の歴史的位置づけでは、「新しい社会運動」史観に近いところに立っている。

さらに日本における、より特有な事情として、現代史の「記憶」形成にかかわる問題がある。現在、マスメディアや博物館など、パブリック・ヒストリーの種々の場を通じて再生産される一九六〇年代像は、「昭和三〇年代」として形容される光景に集約されている。当時、浸透し始めた家電製品や新奇な団地の暮らしぶりは、半世紀を超える時間の距離によって、当事者のノスタルジアだけでなく、若者や消費市場にとってのエキゾチシズムを掻き立てる「商品」となりつつある。ここで注目すべきは、日本社会では懐古の対象が、（実際にはその後の文化的表象とごちゃ混ぜになっているにもかかわらず）六〇年代ではなく、「昭和三〇年代」として区切られていることだ。それは一九五六年の高度経済成長の出発で始まり、六四年の東京五輪の成功で飾られて終わる。この区切り目で閉じられた「成功した戦後」「明るい戦後」は、六〇年代後半の世界的な「異議申し立て」の勃興から、「日本史」を隔離する効果を持つ。これは同時に、朝鮮戦争下の「逆コース」から六〇年安保闘争に至る、「政治の季節」に彩られた「暗い戦後」からの切断にもなっている。したがって日本社会では、六〇年代を語っているように見えて、グローバルな連関のもとに想起される社会運動の六〇年代は、認識から排除されがちである。この点で、消費市場における「昭和三〇年代」ブームと、時間的には六〇年代後半をそれ以前から切断する効果を持つ「新しい社会運動」史観とは、その語られる位相は異なりながらも、既成の戦後日本像を強化する語り方を、互いに補い合いつつ、強化している。

こうして見ると、一九六〇年代における「生きられた社会運動」のリアリティを捉える作業は、依然として今後の課題に属していると言えよう。

ならば今日、いかなる研究が求められているか。端的には、一九六〇年代にさまざまな条件と形態で展開されていた社会運動を、あらためて全体として捉える作業だと思われる。それは社会運動という次元から、あらためて〝日本の〟一九六〇年代の歴史性を問い直す議論へと広がり、さらには日本における「一九六八年」について、より有効な国際比較をするための前提となるはずである。このような問題意識から、本特集は「社会運動の一九六〇年代再考」を掲げ、当時の多様な社会運動の再検証を通じて、この時期の歴史的位置を測り直してみたい。

もちろん、「全体として捉える」と言っても、量的な意味で「全体」をまるごと捉えることは不可能であり、それを中心的な労働組合の動向によって代表できると考えた過去の論法は通用しない。ここで言う「全体として捉える」とは、当時の社会運動の裾野の広がりを想定して、自分が探究する具体的な対象が、その裾野のどこに位置していたのか、それによってどんな役割を果たし、どんな効果を及ぼしたかを、仮構された（社会運動の、あるいは社会構造の）「全体」との関係で常に推し量る作業を指す。

では、そのためにはどんな点に注意が必要だろうか。あくまで試論の域を出ないが、四つの論点を示したい。

第一に、一九六〇年代の日本における、いわば「古い社会運動」の重みを、正確に位置づけることである。「新しい社会運動」に引き寄せた六〇年代社会運動の理解は、「既成左翼」と批判された既存の運動や党派が、依然として大きな比重と役割を果たしていた当時の実態と乖離している。またグローバルな連関を前提とする議論の立て方により、各国民社会の社会構造における六〇年代の特性との関連で社会運動の特徴を測り、比較するという作業が、かえって疎かになっていないか。旧来の社会運動は、六〇年代の変動にどのように対応しようとしたのか。またその対応の困難や問題点、あるいは可能性があったとしたら、それは何によって引き起こされたのか。結果論的な裁断ではなく、ここでも史料にもとづく検討が求められる。そうした実証的な検証を可能にする史料の発掘・整理も、徐々に始まっている。

第二に、「古い社会運動」の側にあえて軸足を置くもうひとつの理由として、それによって複数の時間の射程のなかで、六〇年代の運動を測れるようになるからである。前述のように、「新しい社会運動」史観は過去の運動との断絶を強調し、新たな運動のスタイルに注目する。しかし、そうした運動を作り出した活動家や支持者には、それ以前の既成の社会運動の経験者が少なからず存在している。また運動の新しい実践形態は、「既成左翼」の側でも、さまざまな形で流用され、内部の変化を促している。こうした点は、断絶と起源を強調する創世記的な語りでは見えなくなってしまう。六〇年代の諸運動を、その前後の時期、一九五〇年代からの連続と変容、七〇年代以降への転轍と断絶に注意しながら、六〇年代の運動の特性を位置づけていく必要がある。そうした複数の時間の幅の取り方のなかに事象を位置づけ、異なる位相と意味を読み取る力こそ、歴史学の有効性と言えるだろう。実際にも、黒川伊織『戦争・革命の東アジアと日本のコミュニスト――1920―1970年』（有志舎、二〇二〇年）のように、「古い社会運動」がその時々に持っていた意義を捉え直す試みが現れている。またこの点は、第一に挙げた社会構造との関連で社会運動の全体的配置を捉える視点にもかかわる。大門正克が高度経済成長期研究に即して提起した「戦前から戦後への二重の転換過程」を、社会運動の側から検証することになるからだ（大門「高度成長の時代」大門他編『高度成長の時代1　復興と離陸』大月書店、二〇一〇年）。

第三に、いわば運動の内部の運動性への着目が、ますます重要となる。新旧の見かけによらず、運動は組織性を持てば、ある種の閉鎖性や拘束を免れない。そこには意図せずして、「新しい」運動にも「古い」体質が引き継がれる。運動が利益の体系ではなく、人を惹きつけ、生き生きとした活動の場であり続けるには、そうした体質を内部から突き破り、異なる声を通わせる実践が必要になる。そうした実践によって生じる運動性が、運動の質的革新を促す大きな原動力となる。こうした観点で運動史を点検するとき、文化実践やジェンダーが持つ役割の基底的な重要性があらためて浮き彫りになる。従来の社会運動史では、文化活動は一種の情宣戦略や経営側の従業員囲い込みへの対抗の側面で、ジェンダーの要素は「婦人部」の項目で、それぞれ組合の記念史に書き込まれるだけの位置づけであった。だが近年では、一九五〇年代の社会運動（まさに六〇年代には「既成」とみなされる）における文化実践や、社会運動におけるジェンダーの問題への取り組みに、新たな光が当てられるようになっている。それらが、六〇年代において変化する大衆文化の動向とどのように接し、受容や拒否、差異化を果たしていくのかは、運動のアイデンティティにとって重要な課題であった。そうした視点から新たな読解方法が試されれば、運動史の周辺的な史料とされていたものも、俄然違って見えてくるだろう。

第四に、「社会運動」という概念構成そのものの拡張が求められる。あるいは、社会運動が運動として生起する以前の段階にあるさまざまな動きを捉え、その運動性を捉えることで、運動史の裾野を明らかにする試みが求められていると言い換えてもよい。すでに大門正克は、高度経済成長期の社会運動をめぐって、「従来の運動史研究をもとにして対象を選ぶだけでなく、方法としての運動を再考し、運動を捉える射程を広げる必要」を提起している（前掲、大門「高度成長の時代」)。そこでは「暮らしや生活それ自体が運動の対象とな」る特徴や、国家や資本との対抗だけでなく協調・連携するタイプの運動の重要性が言及されているが、大門の問題提起から一〇年が経ち、こうした対象に関する具体的な研究が出始めている。

以上の四つの観点は、近年の研究動向を見渡し、そこで見えなくなっているもの、あるいは先駆的に始まっている徴候をふまえて提起したものだが、決して孤立した問題提起ではない。たとえば、社会学の社会運動論研究者を中心として、二〇一九年から年報形式で始まった雑誌『社会運動史研究』(大野光明・小杉亮子・松井隆志編、新曜社)は、多分野の若手の研究者を引きつけ、意欲的な編集を続けている(現在、三号まで刊行)。グローバル化と新自由主義の波をもろに浴びて自己形成を遂げた世代だからこそ、対抗して生き抜く術としての社会運動への新しい関心が起こっている。しかも「社会運動論」ではなく、「社会運動史」を名乗り、過去の再発見を、自分たちを鍛える方法の基礎に据えて出発していることは、本号の関心とも触れ合うところがある。

以上の観点から、本特集は以下の五本の論考によって構成される。

まず、黒川伊織「戦後大阪の革新勢力――一九六〇年代を中心に」が、戦後革新勢力の形成と展開における六〇年代の位置づけを明らかにしている。「新しい社会運動」が勃興する時代は、同時に革新自治体が簇生するように、戦後革新勢力が大きく活性化し、政治的なオルタナティブとして意味を持ち得た時代であった。この二つの動向は、時代の風潮としてなんとなく同じ方向を向いているものと解され、実際にも地域や個人では重なり合っていた面もある。だが、政治的資源の動員の観点からは、旧来の革新勢力が培った力の大きさが革新自治体実現の基礎にあったことは間違いない。それはどのような経路によって可能となったのか。黒川論文は、大阪という地域の戦前以来の「長い社会運動史」のなかに六〇年代を位置づける。そこからは、大阪が新自由主義改革の時代に、なぜポピュリズムが猖獗を極める都市となったかを考える道筋も見えてくる。

次に河西秀哉「うたごえ運動の一九六〇年代――運動方針の変化から」は、既成の社会運動が大衆的な関心を喚起しえた文化的実践の代表格である「うたごえ運動」について、五〇年代後半から六〇年代に至る変化を分析する。サークル活動として職場に根を下ろした「うたごえ運動」は、それだけに労働者の切実な要求に答える役割を負う。五〇年代後半から高度経済成長に入るとはいえ、実際には労働争議や安保闘争の高揚があり、さらに六〇年代前半には経済闘争が中心となるなど、労働運動の中心軸は激しく揺れ動いた。それに合わせて、「うたごえ運動」も数度の再転換や分裂を余儀なくされる。このなかで運動が活動の柱のひとつに据えたのが、沖縄という主題であった。それが、うたごえ運動が期待されたいくつかの要素を同時に満たした。本土の運動にこそ「沖縄」が求められた点は、運動が取り組む課題の機能的意義を検討するうえで、注目に値する。

また跡部千慧「雇用形態と階層差を超えた女性労働運動――日教組婦人部の出産後の継続就労要求運動に着目して」も、教員組合運動におけるジェンダーの課題について、女性教員自身の要求に即して、五〇年代からの長期的な変化を跡づけている。労働組合婦人部の活動は、ウーマン・リブ運動に代表される第二波フェミニズムの観点からは、性役割を自明とみなしている点で限界があったとひとくくりにされがちである。だが、実際の要求に即してみた場合、彼女たちが何を自覚し、どのように取り組んだか、その詳細は未解明の点が多い。跡部論文は、教育労働という固有の労働のあり方と、それを規定する法制度によって、教育現場の女性労働がどのように形づくられ、時代によって変化していくのかをふまえて、運動の意義を捉え直す。こうした労働史的な基礎のもとに、世代の観点も加味していくことで、七〇年代以降まで見通した分析が可能になっている点が重要だろう。

これらに対して、小杉亮子「民青系学生運動から見た東大闘争――一〇項目確認書に着目して」は、一般に「新しい社会運動」の典型のひとつとみなされる、学生運動に関する論考である。ただし、全共闘運動を主役として語られることの多いこの主題について、全共闘運動と敵対した共産党系の日本民主青年同盟に拠る学生たちの動向から、再検討を試みている。当時の学生運動の全体像を捉えるにあたって、基礎的前提を固め直す重要な作業と言えよう。大学制度との交渉の歴史から作られた長期の運動文化のなかに、当時の学生運動を位置づけることで、民青系学生の存在感と歴史的位置が確認される。と同時に、その経路によって培われた組織や制度への感覚が、民青系学生の「制度的勝利と質的挫折」につながる点が明らかにされる。焦点は六八～六九年の闘争に絞られるが、その背景の広がりをおさえることで、学生運動が占める固有性について、あらためて注意を喚起してくれる。

最後に、鈴木雅子「一九六〇年代の重度障害者運動と障害女性への子宮摘出手術――当事者・親・専門家の議論からみえてくるもの」を置いたが、この論考は本特集のなかでは異色と思われるかもしれない。通常、「新しい社会運動」論の観点から取り上げられる重度障害者運動は、障害当事者の自立的な運動の始まりから跡づけられる。それに対して鈴木論文は、対応施策を求める運動が、障害当事者だけでなく親や福祉関係者もかかわったかたちで取り組まれた点を重視する。関係者それぞれの切実な思いから、障害女性への子宮摘出手術を容認・推進していく、六〇年代における運動の論理が解明される。さまざまな発言や要望に胚胎する訴えを通じて、六〇年代の日本の社会構造の実相が照らし出されてもいる。「社会運動」の捉え方や、その広がりをどこまで意識して立論すべきかを問い直すきっかけを与えてくれる論考である。

もちろん、これらの論考には、それぞれの運動に対応する先行研究があり、それとの格闘のなかで生み出されたものである。しかしながら、それぞれの分野で検討が深められた結果として、各論考は、一九六〇年代に対する新しい視点を構成する重要な問題提起になっていよう。現代史に関心を持つ読者に、広く参照されることを願ってやまない。本特集が今後、戦後社会運動史の研究が進む、その呼び水となれば幸いである。

なお、毎号恒例の「現代史の扉」には、浅井良夫氏から「政治経済史の復権」と題してご寄稿をいただいた。研究状況における政治史・経済史・社会史の間隙をいかに埋めるべきか。現今のグローバル・ヒストリー研究の動向やフーコーの生政治論にも目配りしながら、なおかつ過去の成果の検討から論点を汲み出す議論の作法が印象的である。本特集の読者には、この論考が「政治経済史」の立場から、社会運動史研究に対して、間隙を架橋するために必要な持ち札とその読み直し方は何かと問う位置にあることが了解されるだろう。現代史研究という広場において、さまざまな視角の研究が互いに得失を自覚しつつ対話し、各々の視点を開かれたものにしていくこと。そうした協働のための場となることを企図した『年報日本現代史』にとり、これでありがたい結構をつけられたと言えるだろう。

社会運動の一九六〇年代再考　目次

執筆者紹介（掲載順）

黒川伊織〔神戸大学大学院国際文化研究科協力研究員〕

河西秀哉〔名古屋大学大学院人文学研究科准教授〕

跡部千慧〔立教大学コミュニティ福祉学部助教〕

小杉亮子〔埼玉大学大学院人文社会科学研究科准教授〕

鈴木雅子〔障害者運動史研究者〕

浅井良夫〔成城大学名誉教授〕

I 戦後大阪の革新勢力
――一九六〇年代を中心に――

黒川 伊織

はじめに

本特集のテーマ「社会運動の一九六〇年代再考」に、筆者は一九六〇年代における革新勢力の地域的展開の解明という課題から応答したい。なぜなら、筆者は近年の「一九六八年」研究への関心の高まりに呼応して、ベトナム反戦運動の地域的展開を軸とする政治運動や学生運動の動きを明らかにしてきたが、(1)そのなかで、戦前期の社会運動史を研究の出発点とする筆者は、近年の戦後社会運動史の研究動向に違和感を抱いたからだ。(2)

その違和感の理由は、社会運動が社会主義運動を意味していた当該期の時代性／時代制約性が、(3)戦後社会運動史研究においては、なお十全に踏まえられていないという点に求められる。筆者は、社会運動を「近代資本主義社会に固有の社会矛盾に立ち向かう運動」であると定義したが、(4)近年の戦後社会運動史研究は、男性プロレタリアートが担ったこのような社会運動――とりわけ労働運動と政治運動――が有した歴史的意義にいまだ正面から向き合ってはいないように思われる(5)。また、当該期日本における「近代資本主義社会」の劇的な変容＝高度経済成長が社会運動のあり方に及ぼした影響については多くの研究成果が発表されているものの(6)、しかし高度経済成長期の社会運動とそれ以前の社会運動の連続／断絶という視点についてはあまり注目されてはいない。日本の産業構造を一変させ、さまざまな社会矛盾を噴出させた高度経済成長は、何よりも男性プロレタリアートの生活と意識を一変させた。したがって、男性プロレタリアートを担い手とする社会運動も変化を余儀なくされ、多様な社会矛盾を問おうとする「新しい」社会運動が成立していくのであるが(7)、筆者自身も高度経済成長による社会構造・社会意識の変容が社会運動に及ぼしたこのような影響を、十全に視野に捉えるまでに至っていなかった。

本特集のテーマ「社会運動の一九六〇年代再考」とは、まさしくこの高度経済成長に際して社会運動がいかに対応したのかを問おうとしている。一九五〇年代後半から一九七〇年代前半にかけての高度経済成長期は、社会主義運動を意味する社会運動の「終わりのはじまり」であり、多様な価値観を内在する「新しい」社会運動の叢生を見た時代であった。本稿では、この新旧の社会運動の交点に革新自治体の経験を位置づける。一九六〇年代後半から一九七〇年代にかけて、日本各地で保守政治への対抗として誕生した革新自治体は、社会党・共産党など旧来型の社会運動をその成立の原動力としつつ、地域の「新しい」社会運動の諸要求を汲み取ろうとしたものであったからだ(8)。革新自治体ブームは一九七〇年代末には終焉を迎えるものの、革新自治体が生み出したさまざまな制度や慣習は、その後の自治体のあり方に影響を残した。その限りで、革新自治体の経験を問い直す作業は、社会運動の質的変容の過程を跡づけるものであると同時に、社会運動――とりわけ旧来型の社会運動――の限界を示すものとなるであろう。

このような問題意識に基づく本稿では、一九六〇年代を中心とする革新自治体の成立と展開の過程を、大阪府・大阪市の経験に即して跡づけることにする。なぜ東京ではなく大阪なのかというと、①一九二〇年代に日本最大の工業都市として「近代資本主義社会」の矛盾を体現する場となった大阪は、男性プロレタリアートを担い手とする労働運動・無産政党運動の中心地となり、無産政党運動に先行する労働運動の豊富な経験を蓄積していたこと、②このような戦前以来の労働運動・無産政党運動の経験が戦後の革新勢力を生み出す基盤となり、一九四七年には六大都市初となる革新（社会党）大阪市政を生んだのをはじめ、一九五〇年代半ばから革新統一候補を擁立し続けたように、強力な労働運動を後ろ盾とする革新勢力が存在感を示していたこと、③一九七一年に革新統一候補・黒田了一が大阪府知事に当選して、以降二期八年にわたって革新自治体を経験したこと、④戦前・戦後の地域の運動経験が、大阪社会労働運動史編集委員会編『大阪社会労働運動史』既刊九巻（有斐閣、一九八六―二〇〇九年）に詳細にまとめられており、[9]労働組合や政党の中央組織の手による「上からの歴史」とは相当に異なる地域独自の歴史が当事者の手によってすでに叙述されていることがその理由である。

したがって、本稿は、『大阪社会労働運動史』に多くを負いつつ、革新勢力内部の対抗関係にとくに着目してその記述を再編成するものでもある。その限りで、本稿は、当事者による歴史の語りを大きな枠組へと接続することで、同時代の歴史像の大枠を読者に提示する内容となるであろう。本稿の構成を示しておくと、戦前の無産政党運動から戦後初期の革新勢力につながる思想的・人的な連続性に注目して、無産政党運動／戦後初期の革新勢力の到達と限界を明らかにし（第一節）、大阪の保革拮抗の舞台となった「五五年体制」下での革新勢力の共闘関係を示したうえで（第二節）、高度経済成長への対抗として登場した構造改革論が社共両党および革新大阪市政に及ぼした影響を論じ（第三節）、最後に革新大阪府政の成立過程を明らかにしていくことにする（第四節）。

一　「無産」から「革新」へ——戦前から戦後へ

1　戦前期労働運動・無産政党運動の経験

一九二五年は、大阪の政治運動・労働運動の展開において重要な画期となった。四月には大阪市の第二次市域拡張が実現して市周縁部の工場地域が大阪市に編入され、五月に公布された普通選挙法により、これら工場地域に暮らす労働者の多くが新たに有権者となったからである。しかし、労働者の生活は、「重工業か軽工業か、大企業か零細企業か、常用か日雇いか」によって大きく違いがあり[10]、その要求もさまざまであったために、労働運動の組織的一本化は容易には実現できなかった。したがって、労働運動を支持基盤として成立した無産政党も、それぞれの支持母体となった労働組合の分裂・合同によって離合集散を繰り返した。二一一万人の人口を抱える世界六位の大都市となった「大大阪」は、全国一の無産政党の激戦地として、既成政党顔負けの熾烈な選挙戦を展開する場となった。

一九二〇年代にはじまる大阪の無産政党の勢力関係を、戦後革新とのつながりから整理しておくと、大阪で最も有力な無産政党として力を発揮したのは、社会民衆党（一九二六年結成）から社会大衆党（一九三二年結成）につながる右派無産政党である。社会民衆党・社会大衆党の支持基盤となった日本労働総同盟（総同盟）は、大阪では住友製鋼・汽車製造など此花区の「西六社」と呼ばれる重工業の大経営の労働者を組織の中核として圧倒的な勢力を誇るとともに、穏健な労使協調主義をとっていた。したがって社会大衆党も「反資本主義・反ファシズム・反共産主義」の「三反主義」[11]を掲げた現実的な政治運動を展開していくことになった。第二次市域拡張によって大阪市に編入された大阪四区で、一九一〇年代からの労働運動家を中核とする地域密着型の運動を展開した総同盟の勢力は圧倒的であり、その支持のもと勢力を拡大した社会大衆党からは、西尾末広、村尾重雄ら戦後の社会党右派を構成したのち民社党結党に参画する著名な政治家を輩出している。[12]

一方、中間派・合法左派の無産政党も、大阪では一定の力量を発揮した。とくに、一九二〇年代前半に総同盟と対立関係にあった日本労働組合総連合に結集した人びとよりなる中間派からは、荒畑寒村・高野実ら東京の労農派と緊密な関係をもつ独自の労働運動・地方無産政党が生まれた。その中心にあった椿繁夫は、一九三〇年代半ばからは社会大衆党に属して党内から合法左派との連携の道を模索した経験をもち、戦後の大阪の社会党左派の中核を担うことになる。合法左派は、日本労働組合評議会（評議会）の再建過程で非合法共産党と分化したグループであり、非合法共産党が指導する日本労働組合全国協議会（全協）に対抗して日本労働組合総評議会（総評）を組織し、新労農党を支持した。その中心は、一九一〇年代から総同盟での労働運動の経験をもつ安嶋高行、仲橋喜三郎らであり、仲橋は戦後まもなく社会党に入党して、同名の日本労働組合総評議会（総評）の大阪地方評議会初代議長に就任している。[13][14]

激しい弾圧を受け続けた全協と非合法共産党は、相次ぐ弾圧により組織を破壊されたが、大阪では、党中央の硬直的指導に反発して組織された「日本共産党中央奪還全国代表者会議」（いわゆる多数派、一九三四年五月結成）に結集する者が多く、東京での党中央壊滅後も日本共産党中央再建準備会を組織して党活動の継続を目指した。その中心であった和田四三四らは、大阪港南地区を拠点として合法左派との共闘を目指し、これを契機として一九三六年一月には労働組合の組織的一本化（全日本労働総同盟結成）も実現したが、無産政党の組織的一本化は、右派の激しい反発により実現しなかった。[15]

このように右派・中間派・合法左派に分岐した大阪の労働運動・無産政党運動であったが、一九二〇年代後半から各無産政党は選挙戦の経験を積み重ねて、国政レベルはもとより府議会・市会などでの議会活動の経験をも蓄積していた。このことは、存在自体が治安維持法による抑圧の対象であった非合法共産党に対する大きなアドバンテージとなり、戦後に社会党が革新陣営のなかで優位に立つうえでの重要な前提となった。と同時に、大阪の無産政党議員の多くが労働者出身であり、それぞれの居住地域に強い基盤を有していたことは、革新勢力内部での複雑な対立関係を生じさせる要因にもなった。一方で、非合法共産党の一部も合法左派との共闘を選択したように、大阪の非合法共産党が中央とは一線を画した現実路線をとっていたことは、戦後初期の労働組合統一の試みにつながる重要な前提となった。

2　戦後初期の革新勢力

敗戦直後、無産政党の再建に向けていち早く動き出したのは西尾だった。単一の社会主義政党の必要を訴えた西尾は、最左派の旧日本無産党系を包含した組織化を進め、一九四五年一一月に日本社会党の結党にこぎ着けた。大阪でも社会党大阪支部連合会が結成され、その会長に西尾、会計監査に仲橋が就任して左右のバランスを保った。合法化された共産党も全協の活動家であった西川彦義らにより大阪府委員会を組織した。(16)

労働組合の再建に際しては、旧総同盟・旧全労・旧全評などの活動家の結集による全国的単一組織の結成が目指された。来るべき新組織の名称は日本労働組合総同盟（総同盟）と決定され、大阪でも旧全評系の仲橋らを中心に総同盟への結集が目指され、旧全協系の西川もこれに呼応した。(17)仲橋も西川も、総同盟の金正米吉や西尾、椿も労働者出身であり、「政党はイデオロギーで分裂しても、労働組合だけは統一しよう」という彼らの決意は、労働運動の草創期から「労働者自身の組合」を目指した大阪の経験に裏打ちされた確信であった。しかし、このような旧全評と旧全協の協力の動きを阻んだのは、共産党中央による労働組合の政治的引き回しの思惑と、GHQの産業別労働組合組織への固執であった。結局、労働運動の統一は実現せず、総同盟大阪連合会＝社会党と産別関西地方会議＝共産党が分立して、統一に奔走した共産党の西川は府常任委員を更迭された。(18)

戦前の無産政党による政治経験を蓄積した大阪では、戦後初期においても革新勢力が相当の支持を集めていた。戦後初の第二二回総選挙（一九四六年四月）で、大阪で社会党は保守を抑えて第一党となり、社共両党の得票率は三割近くに達した。このような社会党への期待感は、一九四七年四月の三度の選挙戦に反映した。大阪市長選では、社会党が擁立した近藤博夫が初の公選市長となった[19]。府知事選では、社会党の香月保は自由党の赤間文三に惜敗したが、中選挙区制のもと実施された第二三回総選挙（一九四七年四月）での社会党は、府下で九議席を獲得して圧勝した。中央では社会・民主・国民共同の三党連立内閣が組織された。

市長就任の際に「保守も急進もない。あるのは市民中心主義」と語ったという近藤を支えたのは関西財界である。市長選直前の一月に総同盟と関西経営者協会の主導で結成された関西経済復興会議から、事務局の田坂茂忠と栗本鐵工所社長の栗本順三が大阪市助役に転じて近藤を支えた[20]。そしてもう一人の助役が、のちに大阪市長となる中馬馨であった。近藤市政は、公聴課を設置してひろく市民の意見に耳を傾けようとするとともに、清掃局を設置して焼け跡の瓦礫の回収に努め、土木技師としての経験を生かして大阪港の内港化計画に着手するなど、のちの大阪市の発展の礎を作った[21]。また、大阪市社会部を民生局に改組して社会福祉行政の機構を整えるなど、市政の民主化を一定程度実現した[22]。

選挙では独自候補を擁立した共産党であったが、労働運動の場では依然柔軟な姿勢をとっており、六月には総同盟と産別会議の合同交渉がはじまった。しかし、①政党による労働組合でのフラクション活動の禁止、②労働組合の政党支持の自由といった検討課題に共産党が反発して合同交渉はすぐに打ち切られた。大阪での総同盟と産別会議の対立を決定的としたのが、一二月の隠匿物資摘発闘争である。産別会議系の組合が総同盟の拠点である扶桑金属工業・久保田鉄工所に押しかけて石炭などの隠匿物資の「摘発」に及んだこの闘争であったが、これを産別会議／共産党による攻撃と受けとめた総同盟は、共産党の専横的組合運営に批判的立場を強めた。一九四八年三月には、産別会議民主化同盟（産別民同）傘下の大阪地方労働組合民主化同盟が結成され、その副会長に仲橋が就任した。

3　総評大阪地評の結成

東アジア冷戦の進行に伴ってＧＨＱの日本占領政策が転換すると、一九四八年七月に政令第二〇一号が公布されて公務員のスト権や団体交渉権を否定したように、労働運動への抑圧が強まった。地域労働運動に力点を置いてきた総同盟も政策要求闘争に踏み出し、内部での左右対立が激化した。一九四九年五月に成立した行政機関定員法により官公労の共産党員の多くが失職すると労働組合における共産党の影響力は急速に低下して、産別会議を離れる組合が急増した。大阪では中立派の私鉄関西総連が総同盟をはじめとする非共産党系の各組合に呼びかけて大阪地方労戦統一促進協議会を結成し、これが日本労働組合総評議会（総評、一九五〇年七月結成）の大阪地方組織の母体となる。

総同盟の影響力が圧倒的であった大阪で、総評の地方組織として総評大阪地方評議会（総評大阪地評）を結成するには、総同盟の支持が必要不可欠であった。しかし、総同盟会長の金正は、「官公労はすぐに政治闘争に偏向する、労働運動は中小企業の組織化をすすめることによって前進するのだが、官公労を含めた総評大阪地評のような組織によって堅実な運動はできない」と、総評大阪地評が官公労によって支えられる構造を批判していた[23]。戦前から地域の中小企業の組織化に献身してきた金正ならではの危惧であった。

総評大阪地評の議長に仲橋が就任したように、大阪では戦前の合法左派が総評大阪地評の中核を担い、総評中央以上に左派寄りの路線をとった。社会党が一九五一年一〇月の臨時党大会において全面講和を主張する左派社会党と片面講和を主張する右派社会党に分裂すると、総評大阪地評の路線に反発した右派は総評を脱退するとともに右派社会党に結集した。総評第三回定期大会（一九五二年七月）では労働組合出身の候補者を議員とするために、左派社会党との緊密な連携をとることを決定した。労働組合を基盤とする社会党議員を積極的に送り出すこの方針により、のちに総評・社会党ブロックと呼ばれることになる両者の密接な関係が形成された。総評大阪地評は、大阪では右派社会党に比して弱体であった左派社会党の強力な支持基盤となり、「平和四原則」に即した国民運動として平和運動を精力的に展開していくことになる。

二　大阪の「五五年体制」――革新勢力の共闘関係

1　左右両社会党の躍進

一九五二年一〇月の第二五回総選挙において大阪では革新票が四割に達したように、一九五〇年代を通して大阪では革新勢力、とくに社会党が相当の支持を集めた。社会党の躍進を支えたのはデフレ不況にあえぐ労働者であった。一九五三年から五四年にかけての大阪では中小企業での労働組合結成が相次ぎ、五四年には近江絹糸「人権争議」が起きるなど、ストライキ件数が全国で減少するなか、大阪だけは激増していた。新たに結成された労働組合は、争議の支援・指導を精力的に行った総評大阪地評や総同盟に加入して、総評大阪地評も総同盟も組織を急拡大した。このような中小の労働組合の組織拡大が両社会党への支持拡大につながり、総同盟の地区活動の強化は右派社会党の支持基盤をより強固にした。左派社会党が総評大阪地評を中心とする労働組合の支持を集めたのに対し、右派社会党は総同盟の強固な地盤に加えて広汎な市民層からの支持を集めていた。

政治闘争を重視する総評への反発は、労使協調路線を重視してきた総同盟が強い大阪ではより強かった。総評右派は、政治闘争を重視する総評の指導方針を「共産党と大同小異」であると批判して（四単産批判）、総評を脱退して全日本労働組合会議（全労会議）を結成するに至る（一九五四年四月）。また、民間八単産（合化・私鉄・炭労・電産など）は、賃金闘争を「春闘」に組織化して純粋な経済闘争への特化を進めようとしていた（一九五五年、第一回春闘実施）。全労会議も「産業民主化と経営参加の要求」を掲げて新たな労使関係の模索をはじめており、経済界も労使協力により不況下での経営の安定をはかろうとしていたことから、総同盟は経済団体と協議を進めて、一九五六年四月に生産性関西地方本部を発足させた[24]。

2　革新統一候補・小畑忠良の登場

社会党に早急な統一を促したのは、保守合同の動きに危機感を抱いた総評である。総評は、一九五四年一一月に両派社会党と労働者農民党に「階級政党の統一」を申し入れた。一九五五年一月、大阪では両派社会党・労働者農民党・総評大阪地評・全労大阪会議（当日欠席）により統一地方選で共同行動を行うとの声明を発表した。二月の第二七回総選挙で、大阪では保革逆転を実現した。この選挙結果を受けて、統一地方選での共同行動の動きはさらに強まり、左派社会党・右派社会党の大阪府連は府知事選での赤間三選阻止のための「広汎な反赤間戦線」の形成を民主党に呼びかけて、知事候補に小畑忠良を擁立した。この動きと並行して、両社会党府連は大阪市長候補に現職の中井光次を推薦した[25]。

戦前に住友財閥の大幹部から企画院に転じ、戦後は追放解除ののち平和運動や日中友好運動に献身していた小畑[26]に白羽の矢を立てたのは、前大阪市長の近藤であった。右派社会党の三輪寿壮とも親しく、中井の東大同期でもある小畑なら、「社会党の立場も理解してくれるだろう」と近藤は踏んだのだ[27]。左派社会党の椿が小畑の説得にあたり、小畑陣営の選対部長に近藤が就任したように、両派社会党・総評大阪地評・全労大阪会議が全力で支えた小畑の選挙戦には、久原房之助からの激励電報が届き、高碕達之助が選挙資金を提供したように[28]、日中貿易促進を主張する財界や保守の一部も小畑を支援した。

3　社会党の統一と共産党の議会主義政党化

赤間と小畑の一騎打ちとなった一九五五年四月の府知事選は、赤間の勝利に終わった。同月の府議会・市会議員選で左派社会党が躍進したように、全国的に左派社会党の党勢が拡大し、社会党は前年来の懸案であった両派の統一に踏み出した。統一への障害となっていたのが再軍備容認を主張する西尾であったが、西尾の地盤である大阪では、とくに左派社会党青年部が西尾の主張を警戒して統一に慎重な立場をとっていた。

一九五五年一〇月に左右両社会党は統一を実現するが、大阪は全国で最も統一が遅れた（一九五六年一〇月統一）。全国レベルでは左派優勢の統一が実現したのに対し、大阪では右派優勢のなかで左派が統一の主導権を握ろうとしたためであった。右派には、戦前の総同盟時代からの古い活動家――西尾末広、金正米吉、前田種男、西村栄一、田万清臣、杉山元治郎、井上良二、大矢省三ら――が結集し、戦前に国政レベルでの議員経験をもつ者が多かったが、左派は府議会議員を経験した久保田鶴松、市会議員を経験した椿繁夫しか政治経験を有する活動家がおらず、人脈と層の厚さで右派は左派を圧倒していた。運動経験の厚みが違う両派は、人材面でも大きく異なる構成となっており、右派が地域密着の義理人情型の人材を擁したのに対して、左派は戦後民主主義のなかから活動に身を投じた理論型の人材を中心とした。

このような人材面での違いは、両派のイデオロギー対立にも反映した。右派が戦前の社会大衆党以来一貫して「反資本主義・反ファシズム・反共産主義」の「三反主義」を掲げて現実的運動を展開してきたのに対して、戦前の合法左派の流れを汲む左派は共産党を一律に排除することには反対する立場をとっていた。統一を実現したとはいえ、このようなイデオロギーの違いを克服することはできなかった。

全国的な左派社会党の党勢拡大と社会党統一に危機感を抱いた財界の後押しもあって、一一月には自由民主党が結党されて保守合同が実現した。しかし大阪では府議会・市会ともに四月の府知事選での対立が尾を引いて、府議会・市会レベルでの統一会派の形成は一九五七年までずれ込んだ。

一方、一九五〇年以来、「半非合法」活動に追い込まれ、「五〇年分裂」と呼ばれる激しい党内抗争のなかにあった共産党であるが、大阪の「五〇年分裂」においては、共産党関西地方委員会の議長である山田六左衛門を筆頭として、西川ら主要幹部は国際派に結集して、主流派＝臨時中央指導部と対立した。大阪の国際派は、これまでの党組織のあり方そのものを批判して労働運動を基盤とした「下からの」党の再出発を目指す春日庄次郎の立場を支持する者が多かった。火炎瓶闘争などにより大衆の支持を失った共産党は、一九五五年七月に第六回全国協議会（六全協）を開催して、これまでの軍事路線を自己批判するとともに党分裂の「克服」を呼びかけ、議会主義政党への脱皮をはかった。[29]こうして一九五六年一月に新大阪府委員会を発足させた共産党は、総評・社会党系の平和運動に積極的に参加していき、労働運動においても産別金属大阪支部が総評に合流して組織的統一を実現した（一九五七年一〇月）。

このように大阪においては、「五五年体制」の成立は、五六―五七年までずれ込んだ。また、社会党の統一は、中央と違って右派優勢のもとでなされた。共産党においては、党の再統一、議会主義への転換後も、労働運動に一定の影響力をもつ旧国際派系が独自の存在感を示していた。大阪の「五五年体制」は、中央の「五五年体制」とは相当に異なるものであったといえよう。

4　保革の正面対決へ

高度経済成長下の大阪府下では、内陸・臨海の工業地帯の開発がはじまって（一九五五年四月、堺臨海工業地帯造成開始）、道路・鉄道・港湾などの整備が進み、流入する人口増加への対応として大阪市をはじめ衛星都市への団地建設やニュータウン開発が次々と進んでいた（一九五九年四月、千里ニュータウン建設を決定）。このような急速な開発に伴い、地盤沈下や公害、住民福祉の遅れなどが問題化しつつあった。一九五七年には公衆浴場建設をめぐる汚職事件で、府議会の社会党議員七名、自民党議員五名が取り調べを受ける事態が起きた。

一九五九年四月の府知事選と大阪市長選は、このような問題を背景としつつ、総評・社会党が推進する日中貿易促進運動や、前年の勤評闘争の評価をめぐって保革が対立した。府知事選では、左藤義詮を擁立した自民党に対し、社会党は前回惜敗した小畑を引き続き擁立し、共産党は独自候補の擁立を見送った。大阪市長選では、自民党は現職の中井光次を擁立し、社会党は社会党近藤市政下から長く大阪市助役を務めた中馬馨を擁立した。

中馬に白羽の矢を立てたのが、大阪市職員・従業員の労働組合の連絡組織である大阪市労働組合連合会（大阪市労連）である。その初代委員長であった井岡大治(30)が革新系として擁立する候補者の選定に乗り出し、戦前から労使交渉の場を通じて信頼関係を培っていた中馬を推薦したのだ(31)。両派社会党、そして大阪市労連が中核をなす総評大阪地評は中馬出馬に全力を尽くした。

こうして革新統一候補として出馬した中馬であったが、中馬自身は「市民の代表」という立場を通したために、支持母体の社会党・総評大阪地評のなかには、これを保守派との妥協的態度であるとする批判的意見もあった。府知事選はわずか一万五〇〇〇票差で左藤が薄氷の勝利を果たし、大阪市長選は中井の圧勝となった。中馬の敗北には、中馬自身が革新の立場に徹せなかったことも影響していた。

続く統一地方選で社会党は議席を伸ばしたものの、その足並みは乱れた。社会党を支持する総評大阪地評と全労大阪会議が、生産性向上運動への対応や政治化する原水爆禁止運動の評価をめぐって対立し、総評大阪地評は旧左派社会党系の候補を、全労大阪会議は旧右派社会党系の候補をそれぞれ推薦したのである。選挙結果は、府議会では旧左派が優勢で、大阪市会では旧右派が優勢であった。

三　革新内部での対立関係――構造改革論をめぐって

1　構造改革論の登場

一九六〇年代の大阪において社会党と共産党の対立の一因となったのは、構造改革論をめぐる評価であった。構造改革論とは、憲法と議会制度のもとにおける民主主義的「構造改革」の推進を通じ、社会主義への平和的移行を目指す戦略を打ち出したイタリア共産党の路線（「社会主義へのイタリアの道」）を、日本に適用しようとしたものである。[32] 戦後資本主義は順調な発展を続けて、敗戦国日本も高度経済成長に突入しつつあったように、従来のマルクス主義による資本主義批判――資本主義の「危機」の強調――に疑問が生じつつあったことが、「現代資本主義」の改革・改良を目指す構造改革論登場の背景にあった。

構造改革論の影響は、大阪の革新陣営にもひろがった。大阪の共産党では、現状の日本はアメリカ帝国主義とそれに従属する日本独占資本による支配下にあり、来るべき日本革命は民族の完全な独立のための人民民主主義革命から社会主義革命への転化であるとする党章草案（綱領草案）を掲げる党中央に対して批判的立場をとった幹部――その多くが旧国際派であった――が多く、党内では少数であった構造改革派の中核をなした。[33]

また、大阪の社会党左派は、そのイデオローグであった坪井正が、来るべき日本の革命を民族解放社会主義革命としていたように、[34] 社会主義協会が主導権を握る中央の左派社会党とは相当に異なる立場をとってきた。[35] 坪井のもとに結集したのちの大教組委員長・東谷敏雄や、のちの社会党大阪府連副委員長・荒木傳をはじめ、総評大阪地評事務局長の帖佐義行や社会主義青年同盟（社青同）初代委員長・西風勲らは、社会党内構造改革派を構成して、一九五七年から共産党内構造改革派との相互討議を行っていたという[36]。

このように構造改革論は、大阪の革新陣営内部の関係性を再編させた一方、理論的には政府による高度経済成長政策への対抗路線として提起されたものだった[37]。社会党の構造改革論のイデオローグであった松下圭一は、六〇年安保闘争に象徴される「市民活動の激発」に、「資本」対「労働」の従来型革命モデルの限界を感じ取り[38]、自治体レベルでの政策の変更を目指す「自治体改革論」を提起した[39]。大阪の共産党内構造改革派の旗手であり統一社会主義同盟（後述）の創立を主導した大森誠人[40]が、大阪市労連・大阪市政調査会の専従としてこの「自治体改革論」の実現に向け活躍することはのちに述べる。

2　社会党・共産党の再分裂

一九五八年五月の第二八回総選挙で一六六議席を獲得して過去最大の党勢を誇った社会党であったが、過半数の獲得を目的としていたことからすると予想外の不振であった。総評の太田薫議長と岩井章事務局長は、社会党の「階級政党」への脱皮を申し入れ、社会党内では党の再建を目指す動きが加速化した。

九月に行われた社会党第一六回定期大会は、大会前に行われた党青年部全国大会で、大阪の荒木傳が提出した西尾除名要求動議が賛成多数で可決されたことを受けて紛糾した。定期大会でも、西尾を統制委員会に付議する決議が賛成多数で採択されたため、西尾派が大会をボイコットして社会党はふたたび分裂した[41]。一九六〇年一月に西尾派が結党した民主社会党は、西尾派最大の拠点・大阪で自民党に次ぐ第二党の勢力を誇った。

大阪の共産党も分裂した。党章草案／綱領草案をめぐる党内論争は、一九六〇年一一月にモスクワで開催された八一カ国共産党労働者党代表会議において党章草案の立場が支持されたことで決着がつき、以降構造改革派に対する抑圧が強まった。一九六一年七月に予定された第八回大会で綱領草案の採択が目指されるなか、大阪府委員会では構造改革派の幹部の離党が続いた。

こうして共産党を離れた構造改革派のうち、大阪では労働運動に基盤を有して大衆運動を重視する統一社会主義同盟の勢力が圧倒的であった[42]。統一社会主義同盟の事務所は総評大阪地評や社会党大阪府連が入るＰＬＰ会館の向かいにあったことから、社会党内構造改革派との交流は、より盛んとなった。

幹部が脱党した共産党大阪府委員会は、中央から派遣された幹部会員の松島治重が府委員長に就任して党組織の再編に取り組んだ。以降の共産党は、機関紙の拡大と党員倍加運動によって新たな支持層の獲得を精力的に進めるとともに地域活動を重視して[43]、徐々に革新勢力の一翼として存在感を強めていく。

3　労働運動における「政党支持の自由」

中ソ対立の余波を受けた平和運動の分裂に続いて[44]、労働運動の場でも、総評・社会党と共産党の対立は深まっていく。一九六二年一〇月、共産党は第四回中央委員会総会で「総評依存主義の誤り」を指摘するとともに、総評を労働戦線統一の母体として認めないと決定して、総評内部にありながらその路線に対抗する立場を打ち出した[45]。

共産党系による独自の労働運動への志向は、府下衛星都市の職員を結集した衛星都市職員労働組合連合会（衛都連、一九四六年四月結成）の分裂に及んだ。共産党の影響力が強い衛都連は、一九六三年春に「独立をかちとり平和と民主主義を守る闘争の成功なしには、生活の向上を実現することも不可能である」と、労働運動における政治闘争と経済闘争の結合を呼びかける「衛都連行動綱領草案」を起草して[46]、共産党の路線に則った運動を主張した。これを政治闘争第一主義であると批判した豊中市、箕面市、泉大津市など五つの職員組合は、一九六四年四月の公労協四・一七ストに対する共産党の反対声明に同調した衛都連が総評大阪地評からのスト支援要請を拒否したことで、衛都連脱退に踏み切った。

共産党が激しく総評大阪地評を批判した背景には、組合分担金問題も大きかった。総評大阪地評が社会党候補の推薦を機関決定する限り、総評大阪地評に集められた各組合からの分担金が社会党への選挙協力に使われるのは当然の帰結となる。これに対して共産党は、社会党を支持しない＝共産党を支持する組合からの資金も社会党支援に使われる状況に不満を抱いており、「労働組合が機関決定によって組合員からあつめた資金」を「特定の社会民主主義政党や候補者に政治献金としておくる」ことを批判している(47)。

4　革新統一による大阪市長の誕生

こうして総評・社会党と共産党の対立が先鋭化する一方、反自民勢力としての政治的結集は進んだ。一九六〇年に自治庁が自治省に昇格して地方行政の統制強化がはかられるとともに地方公務員の服務規程が強化されたことで、労働運動への介入も強まると考えられたからであった。この危機意識から、一九六〇年代における革新統一は動き出した。

総評は一九六三年に予定された統一地方選を反自民勢力の結集の場と位置づけ、大阪ではすでに一九六一年秋には、府知事選候補に小畑を、大阪市長選候補に中馬を擁立すると決定していた。総評大阪地評の動きを批判していた共産党も、小畑・中馬を推薦した。小畑が平和運動において共産党系と共闘していることを問題視する民社党は、選挙戦での共闘を拒否したものの、推薦には名を連ねる変則的立場をとった(48)。小畑の選対事務局長には社会党衆議院議員の亀田得治が、「無所属（革新）」の肩書で立候補した中馬の選対事務局長には社会党参議院議員の椿繁夫が就任した。戦前からの長い運動経験をもち、民社党・共産党にも顔が利く椿の存在は、中馬の選挙戦を支える大きな力となった。

中馬の対抗馬として自民党から立候補した和爾俊二郎も大阪市助役を務めていたように、この市長選は市役所内部での市政をめぐる方向性の違いを反映したものでもあった。和爾が中井市政の継承を掲げて中央との緊密な連絡による財源獲得と近畿圏整備法の推進を訴えたのに対して、中馬は大阪市の自主性を回復するとともに、急速な開発により生じた住宅問題やゴミ処理問題、道路問題など市民生活の早急な改善を訴えた。

選挙の結果、府知事選で三度目の立候補となった小畑は敗れ、以降の不出馬を宣言した。大阪市長選では中馬が雪辱を果たし、続く府議会選・大阪市会選でも社会党が躍進して、公明政治連盟（のちの公明党）も議席を倍増させた。

中馬の当選を後押しした要因のひとつが、大阪市政調査会である。構造改革論の影響を強く受けていた大阪市労連は、自らの「自治体改革論」の実践として、自治体問題を検討する独自の研究機関の設置に乗り出し[49]、一九六二年九月に大阪市政調査会を創設して[50]、都市問題や地方自治問題に関する調査・研究・政策提言などを行うこととした。研究者や専門家にとどまらず大阪市で働く労働者も加わった市政調査会は、「大阪市政に関する調査研究を行い、民主主義と地方自治を守り市民の福祉に寄与すること」を目的とし[51]、主として非共産党系の人びとが結集した。創立時の代表顧問には恒藤恭（大阪市立大学名誉教授）が就任し、顧問には小畑や近藤が、理事には仲橋、帖佐義行ら総評大阪地評の幹部のほか、中馬も名を連ねた[52]。機関誌『市政研究』のほか、財政問題や当時赤字が深刻化していた公営交通企業問題などに関する刊行物を精力的に発信した大阪市政調査会は、中馬市政を外部から支えていくことになる。

5　革新市政下での議会運営

こうして革新勢力を背景に市政運営をはじめた中馬が助役に招聘したのが、労働省基準局長であり、中馬の後継市長となる大島靖である[53]。助役人事をめぐる市議会が、野党となった自民党の反発により紛糾したように、中馬市政は困難な議会運営を強いられた。

さらに中馬市政への批判勢力となったのが、市長選で中馬を推薦した共産党である。すでに大阪市の財政状況は悪化していたうえ、政府の方針により一〇年間にわたって公共料金の引き上げが凍結されていたなかで、中馬が財政健全化のために打ち出した大阪市営地下鉄の運賃値上げに共産党は激しく反発した。その反発の理由は、市民生活に負担を及ぼす値上げを主張することは、革新の名に値しないというものだった。

社会党も大きく揺れた。自らが推薦した中馬市長の政策に反対する訳にはいかないとする椿や井岡に対して、社会党大阪府連も総評大阪地評も、共産党と同様に革新の立場から値上げを主張することは許されないと反発した。激しい議論の末、社会党市議団は自らが推薦した市長の政策に反対するのならば、今後社会党による市長擁立はできないという現実的判断により、値上げ賛成を決断した(54)。自民党は予算案修正を盾に値上げ案の修正を要求し、値上げ案は市会の賛成多数で議決された。議決後、社会党大阪府連委員長は引責辞任し、社会党大阪府連は社会党市議団を統制違反として処分しようとしたし、総評大阪地評の組合員からは市議の辞任を求める声もあがった(55)。

さまざまな都市問題の原因を、党綱領の路線に基づいて、「池田自民党政府の『高度経済成長』政策であり、それでばくだいな利益を得ている米日独占資本」に求める共産党は、すべての開発政策を悪とする立場をとって中馬市政に反発した。このような共産党の立場は、一九六七年に発表された「『地域開発』反対政策の位置づけについて」により、市民の要求に即した開発を一定程度認める方向に転換することになる。

四　大衆運動での対立／政治運動での共闘――総評・社会党と共産党の関係

1　社会党の長期低落傾向と共産党の党勢拡大

選挙戦においても社会党と共産党の関係は変化していた。その要因のひとつが、一九六〇年代の大阪府下における有権者の急増である。一九六三年の第三〇回総選挙での有権者数が約三六七万人であったのに対し、一九六七年の第三一回総選挙では約四三三万人、一九六九年の第三二回総選挙では約四九九万人にまで伸びた。しかも大阪府内の在住者が減少して他府県からの通勤者が増加するなかで、これまで組織労働者に基盤をおいて選挙戦に取り組んできた社会党（総評大阪地評の組織人員は約三八万人）、民社党（大阪会議の組織人員は約二五万人）の集票活動も変化を強いられた。一方で一九六四年一一月に結成された公明党が衆議院に進出して、第三一回総選挙では大阪での野党第一党となるまでに党勢を伸ばした。

一九六七年四月の府知事選、大阪市長選での革新統一候補の擁立は実現せず(56)、前回選挙と同じく、府知事選では左藤義詮が、大阪市長選では中馬が圧勝した。第三一回総選挙以降、大阪の社会党の支持率は低落を続けた。社会党の低落の要因には、急速な都市への人口集中により生じた諸問題に十分に取り組めていなかったことがある。都市住民が望む反公害運動や保育所建設運動などの住民運動や低所得層への住宅供給問題などは、主として地域活動を重視する共産党や、低所得者層を支持基盤とする公明党が熱心に支えていた。共産党は、公害問題が深刻化していた西淀川区で二割近くの支持を集めていたように、戦前の無産政党の大票田であった旧大阪四区をはじめ、かつて社会大衆党の「金城湯池」であった此花区でも支持を拡大していた。

第三二回総選挙は全国的にも社会党惨敗の結果となったが、大阪では民社党が全選挙区から当選者を出し、共産党も東中光雄が議席を確保した一方、社会党は二議席の惨敗に終わった。ある社会党支持の組合員の妻は、この総選挙で社会党が保育所の設置や横断歩道などの問題を取り上げたことに対して「公明党や共産党の二番せんじ」との厳しい感想を述べている(57)。

市政での与党社会党の低落傾向に危機感を抱いたのが、大阪市労連である。一九六六年二月、大阪市労連は「市労連がこれまで取り組んできた自治体改革闘争の一環として、革新市政四年間の成果を定着させると同時に、さらに勤労市民を中心に各階層の日常要求を市政に反映して自治体闘争を前進させる」ために「市民の生活をよくする運動のための一万人調査」を開始し、一九六七年二月にその調査報告を公表した(58)。「衛生、子供の遊び場、教育費の負担、道路、公害、公営企業、広報・広聴活動、市政への関心」などを問うたこの調査報告に、中馬もいち早く応答して「労組独自の自治体改革に対する取組み」であると評価するとともに、その市政への反映を約束している(59)。

2　大衆運動における総評・社会党と共産党の対立

一九六〇年代半ばからは、ベトナム反戦運動をめぐって総評大阪地評・社会党と共産党が激しく対立していた。中央では社会党・共産党による統一行動（一日共闘）が実現していたものの、大阪では統一行動に統一社会主義同盟などの共産党除名者＝「修正主義者」を加えることを当然とする総評大阪地評・社会党に対して共産党が激しく反発したために実現しなかった(60)。

総評・社会党系に共産党除名者の組織（社会主義革新運動、統一社会主義同盟、日本のこえ）も加わったベトナム戦争反対・日韓条約批准阻止大阪実行委員会（ベトナム反戦大阪実行委員会）は、総評大阪地評の青年労働者が組織した全大阪反戦青年委員会や大阪軍縮協と共闘した。共産党系は、「安保条約破棄、日韓会談批准阻止、ベトナム侵略反対、軍事基地撤去、憲法改悪阻止、小選挙区制反対、合理化粉砕、生活と権利を守る大阪実行委員会（安保破棄諸要求貫徹大阪実行委員会）」を結成して、ベトナム反戦も広汎な政治課題のひとつとする運動を展開していく。

一九六七年一〇月の第一次羽田闘争は、共産党による「トロツキスト」批判のはじまりだった。佐藤首相の南ベトナム訪問阻止を目指す学生・労働者のデモ隊が機動隊と衝突して大阪出身の男子学生が死亡したこの事件に際して、総評大阪地評がその死を悼む大衆行動に加わったのに対して、共産党は死亡した男子学生が三派全学連の活動家であったことから、この動きを「トロツキスト」の「策動」であると批判した。(61) 三派全学連の孤立を防ごうとする総評大阪地評に対して、「修正主義者」と「トロツキスト」が結びつくことを警戒する共産党大阪府委員会は反発した。

この対立が労働運動の場にもち込まれたのが、一九六八年一〇月の一〇・二一国際反戦デーで、全大阪反戦青年委員会が三派全学連系に対して御堂筋デモへの参加を呼びかけた問題である。これを「修正主義者」「トロツキスト」による「挑発行動」と見なした共産党は態度を硬化させ、党大阪府委員会機関紙『大阪民主新報』一九六九年二月二七日号に「資料　全大阪反戦青年委員会の組織の現状」を掲載して、各組合内部の全大阪反戦青年委員会メンバーの氏名を公開するに至った。

総評大阪地評も、三派全学連との共闘により過激化する全大阪反戦青年委員会との関係に苦慮していた。(62) しかし総評大阪地評・社会党は、反戦青年委員会メンバーの氏名公開には「権力に活動家を売り渡す行為」であると反発して、共産党大阪府委員会に抗議した。これに対して、府委員会統一戦線部長の菅生厚は「トロツキスト反党分子」が「労働組合や大衆組織にもぐり込んで挑発破壊活動をやっている」のであるから、彼らの氏名を公開することは、彼らを「政治的孤立」に追い込み「消滅させる」ための重要な情報提供であると反論した。(63)

全大阪反戦青年委員会をめぐる紛糾のなか、総評大阪地評・社会党と共産党との対立に油を注いだのが、一九六九年三月に大阪市立中学校教師が市教組役員選挙にあたって発した挨拶文をめぐる問題である。この挨拶文は、「勤務時間外の仕事」とならざるを得ない「進学のこと、同和のこと、教育こん談会などのこと」が教師の仕事を圧迫しているると訴えるものであり、これを部落差別と見なした部落解放同盟の活動家たちが、この教師とその同調者に対する激しい批判（糾弾）を展開したのだ。

この事件は、部落解放同盟を「解同暴力集団」と呼ぶ共産党と、反共産党の立場を明らかにして社会党に接近していた部落解放同盟の代理戦争の場ともなった。大阪市会にもこの問題は波及し、八月には「同和問題に関し共産党大阪府議団に反省を求める」との非難決議を行い、共産党の側も非難決議を行った七九名の市議を名誉毀損で告訴するという泥仕合にまで発展した。

3　共産党系労働組合の結集

一九六二年以降、総評否認の立場に転じた共産党であったが、独自のナショナルセンターやローカルセンターの結成には至っていなかった。一九六七年一月、共産党系の安保破棄大阪実行委員会に結集する組合が、中央の動きに呼応して「生活と権利を守り民主的政治要求する労組大阪連絡会議」を発足させ、総評大阪地評や大阪同盟による「特定政党支持・排除」を克服した労働組合の選挙闘争を行うとした。これ以降、総評大阪地評に対しても「政党支持、政治活動の自由」を要求して選挙動員などに反対していくことになるが、共産党の主張する「政党支持の自由」とは、共産党を支持する「自由」であった。

一九六九年の一〇・二一国際反戦デーにあたって、中央では社会党系と共産党系の一日共闘が実現したものの、大阪では「修正主義者」「トロツキスト」「解同暴力集団」をめぐって両党の対立はかつてなく激化していたうえ、全大阪反戦青年委員会の参加を認めるか否かでも対立して、一日共闘の実現には至らなかった。中央での一日共闘の実現を受けて、共産党系の三八の労働組合は「全民主勢力の持続的・恒常的な共闘」の実現を呼びかけるアピールを発した。大阪でもこの動きに呼応して三八単産アピール支持連絡会が発足して、「統一行動を阻害する各種妨害集団の介入を許さない共闘」を呼びかけた。この連絡会は、一九七一年四月の府知事選に向けて、統一戦線促進大阪労働組合懇談会（大阪統一労組懇）に名称を変更し、のちの共産党系ナショナルセンター・全国労働組合総連合（全労連、一九八九年結成）の母体となった。

4 革新統一候補・黒田了一府知事の誕生

高度経済成長下で一定の豊かさを獲得した労働者は、政治闘争と結合した旧来型の労働運動に背を向けはじめた。大阪では、一九七〇年に大阪同盟の組合員数が総評大阪地評の組合員数を抜いたように、労働者の「マイホーム主義」はより強まっていた。一九六七年の美濃部亮吉東京都知事の誕生に象徴される全国的な革新自治体の成立を背景として、公害問題の深刻化や府北部の能勢町への防衛庁によるナイキ基地建設問題に揺れる大阪でも、東大阪市長選挙において革新統一候補の伏見格之助が当選（一九七〇年六月）したことを受けてふたたび革新統一候補の擁立が模索されたが、社会党と共産党の対立は激しく、その交渉には難航が予想された。

社共の橋渡しを担ったのは、総評大阪地評である。一九七〇年九月の総評大阪地評定期大会では「大阪における革新府政の実現のために知事選挙で社共両党の統一を要請する」との決議が満場一致でなされ、一二月には総評大阪地評議長・帖佐義行の名で社会党大阪府本部・共産党大阪府委員会に「知事選挙に関する統一実現のための要請書」を発して、「左藤自民党府政」の「打倒」のため、「過去のいきがかりにとらわれず」原則的な意見の一致による統一候補の実現を目指すべきと呼びかけた(64)。

急遽候補者の選定にあたったのは、社会党府幹部の荒木傳・西風勲と共産党府幹部の定免政雄・菅生厚であった。最初に候補者として名があがったのは、大阪市立大学の憲法学者・黒田了一が推した京都大学名誉教授の環境衛生学者・庄司光であったが、庄司はこれを固辞し、行き詰まった荒木、西風、定免、菅生は、黒田自らに立候補を要請するほかないと決断し、黒田もこれを受諾した[65]。こうして府知事選告示のわずか一八日前に革新統一候補として擁立を決定した黒田の支持母体として結成された「明るい革新府政をつくる会」には、社会党、共産党、総評大阪地評など一〇団体が参加した。選挙戦の第一声で「革新府政の実現は、天の声、地の声、民の声」と叫んだ黒田は公害問題を争点として、一九七〇年の大阪万博の成功を実績として三選を目指す左藤に対抗した。総評大阪地評の組合員三七万人を中核とした集票活動も、各層により結成された「励ます会」によりひろがった。民社党・公明党は自主投票に回った。

四月一二日、わずか二万四〇〇〇票あまりの差で黒田は選挙戦を勝ち抜き、戦後二五年にわたって続いてきた保守府政にピリオドが打たれた。同日の大阪市長選では、社会党・民社党・自民党・公明党相乗りの中馬が圧倒的な強さで三選を果たしたが、府議会選・大阪市会選は、単独で与党となりうる党が存在しない多党化現象を現出した。一二月には、二期目在任中の中馬の急逝による大阪市長選が行われ、中馬の後継者となった元助役の大島靖は、「反自民」の立場を明確にして社会党・民社党・公明党推薦のもと当選を果たし、全国初の「社公民」首長として革新市政の立場をとった。

その後の黒田府政と大島市政は、対照的な展開を示した。府議会では、部落問題や労働組合の政党支持をめぐる問題でふたたび亀裂を深めた与党の社会党・共産党が、春木競馬（岸和田市）の廃止問題で激しく対立して[66]、社共の橋渡しをしていた総評大阪地評も、共産党の労働組合への組織介入に反発して「共産党に反省を求める決議」を採択し（一九七四年九月）、次回府知事選での共産党との共闘を事実上拒否していた。大阪市会で中馬市政を支えた経験から、与党として黒田知事を支えようとした社会党と、議会外での大衆運動により黒田知事を支えるべきとした共産党の立場の懸隔は埋まらず、一九七五年の黒田再選を目指す府知事選では、共産党が黒田を、社会党・民社党・公明党が桃山学院大学教授の経済学者・竹内正巳を、自民党は元副知事の湯川宏をそれぞれ擁立した。社会党内で黒田支持を訴えた荒木は府本部を去った。一四九万票を獲得して再選を果たした黒田は、単独与党となった共産党の支えで二期目を務めていくことになったが、府の財政難に直面して公約の実現に困難を極めたこともあって、一九七九年の三期目立候補では、自民党・社会党・公明党・民主党が推薦する元副知事の岸昌に敗北して、革新府政は終わりを告げた。

一方、ひろく市民の支持を集めた中馬市政を継承した大島の二期目立候補（一九七五年）には、大阪市政調査会に転じた大森が労働組合など各方面への目配りを行い(67)、自民党も大島を推薦して、大島は全国初の「自社公民」首長として一九八七年まで四期一六年の長期市政を行うことになった。以降、西尾正也、磯村隆文、關淳一に引き継がれた大阪市長の職は、二〇〇七年にアナウンサー出身の平松邦夫が就任するまで、大阪市労連の支持のもと長く助役経験者が務める「オール大阪市体制」が続くことになった。

おわりに

ここまで見てきたように、大阪の労働運動の中核であった総同盟は、地域に密着した運動を展開して右派無産政党の支持層を拡大した。しかも右派とも非合法共産党とも距離を置いた合法左派が一定の組織を保ちつつ、一九三〇年代半ばには非合法共産党の大阪独自の動きに呼応するかたちで労働者による「下からの統一」を実現し、これに社会大衆党の一部も加わった経験は、戦後の労働運動の統一や単一社会主義政党結成の重要な前提となった。

したがって、戦後大阪の革新勢力は、戦前の労働運動・無産政党が積み重ねた豊富な政治経験と組織的・人的な厚みによって支えられた。戦後初期の近藤社会党市政の経験は、社会党や関西財界の一部による保守府政打倒の機運と結びつき、のちには革新統一候補・小畑忠良の府知事選への擁立を実現した。一九五〇年代には労使協調型の穏健な社会民主主義を志向する社会党右派、階級闘争を志向する社会党左派、そして革命を志向する共産党が並立し、総同盟以来の労使協調路線をとる全労が支援する右派社会党の圧倒的優位に対して、総評大阪地評は労働運動と並行して平和運動などの国民運動を主導し、左派社会党を全面的に支えるとともにその支持層の拡大をはかった。一九五〇年以来の党の分裂を一本化して軍事路線を放擲した共産党も、総評大阪地評・社会党の路線に結集し、大阪の「五五年体制」は保革拮抗の舞台となった。

注目すべきは、大阪においては一九五〇年代後半から、先進資本主義国での議会を通じた社会主義への平和的移行を掲げる構造改革論の影響がいち早く及んでいたことである。この構造改革論は、一九六〇年代の非共産党系運動の思想的結集軸のひとつとしての役割を担いつつ「自治体改革論」を掲げて社会党系の官公労に影響を及ぼした一方、社会党と「労働組合の政党支持の自由」を掲げる共産党とのあいだで軋轢を深める一因にもなった。

大阪の「五五年体制」に変化を及ぼしたのが、一九六〇年代に入り本格化した高度経済成長であった。高度経済成長により人口集中が進んだ大阪では、急速な都市化に伴う交通問題や公害問題、さらには住宅問題、保育所問題などの都市固有の問題が顕在化し、労働組合の組織的支持を頼みとする旧来型の革新勢力のあり方では、これらに十全に対応することができなかったため、公明党や共産党が伸長した。社会党・民社党は若い世代の獲得に失敗して党勢に陰りがさした一方、共産党は地道な機関紙拡大活動や地域活動などで党勢を拡大しつつ都市問題にも対応する姿勢を示して、一九七一年の黒田府知事の誕生を後押しすることになった。

注目すべきは、大阪府・大阪市の革新自治体の担い手の違いである。府に先行して一九六三年にはじまった中馬大阪市政を支えた大阪市労連や大阪市政調査会には、構造改革派の経済学者や活動家が結集していたのに対し、一九七一年にはじまった黒田大阪府政――とくに二期目――を支えたのは共産党系の諸運動であった。保守層からの支持も集まった中馬の二期目からは自民党も支援に加わり、その後継者となった大島も、市会での社会党・自民党による強固な与党体制を背景に安定した議会運営を行ったのに対し、二期目以降、事実上共産党単独与党となった黒田は、困難な議会運営を強いられることになった。

残る課題として以下の二点を指摘しておきたい。第一に、一九六〇年代に公害問題や都市問題が可視化されるなかで、どのような人びとがこれらの問題に向き合いながら既成の革新勢力を突き上げ、これを乗り越えようとしたのかという点の解明である。第二に、一九七〇年七月の第一一回党大会で民主連合政府の樹立を掲げた共産党が、一九七〇年代においてどのような政策のもと党勢を拡大して羽曳野市など府下衛星都市での革新（共産党単独）市政を実現したのかという点の解明である。これらの点を明らかにするには、地域レベルでの運動経験や選挙結果の分析、さらには運動の担い手ひとりひとりの歩みに即した詳細な検討が必要となるであろう。(68)

さらに、その後の大阪市における労使関係のあり方を先取りして述べておくなら、本稿で明らかにしたような一九六〇年代以降の大阪市政と大阪市労連の密接な関係性は、二〇〇三年に關淳一が市長に就任して労働組合との「しがらみを絶つ」と宣言して以降、大きく変容することになる。(69)二〇一一年に橋下徹が市長に就任すると、大阪市労連の事務所は市庁舎からの一方的な退去命令を受け、この命令の是非をめぐる裁判闘争にまで発展した。(70)言うなれば、一九六〇年代の革新市政にはじまる「オール大阪市体制」の「既得権益化」が問題視されたのであるが、いつ／なぜ「オール大阪市体制」が「既得権益化」するに至ったのかの解明は、大阪維新の会が政界に現れ、多くの大阪市民・大阪府民の支持を獲得するに至る背景を構成する大阪の政治・経済状況、そして人口動態の変化を踏まえることが必要不可欠であると考えており、今後の筆者のさらなる検討課題としたい。

【謝辞】本稿を執筆するにあたって、元日本社会党大阪府連の荒木傳氏・元総評大阪地評の伍賀偕子氏から貴重なご経験の数々を伺いました。また、大阪市政調査会の福田弘氏・西部均氏からは資料のご提供を受け、元共産党大阪府委員会の仲村辰男氏からは、資料のご提供とともに専従当時のご経験を伺いました。ご協力くださった皆様に心より感謝申し上げます。

【付記】本稿は、JSPS科研費（課題番号19K00320）による成果の一部である。

注

（1）拙稿「地方都市から戦後社会を問う――神戸の事例から」（『「一九六八年」――無数の問いの噴出の時代』企画展図録、国立歴史民俗博物館、二〇一七年）、同「反戦平和運動における抵抗と文化／抵抗の文化――神戸港から見た世界」（『歴史学研究』九八九号、二〇一九年一〇月増刊）ほか。

（2）ここでは、その代表的な研究として、社会学系の社会運動研究者による『社会運動史研究』一―三号（新曜社、二〇一九―二〇二一年）の成果をあげておく。

（3）この時代性／時代制約性については、拙著『戦争・革命の東アジアと日本のコミュニスト――一九二〇―一九七〇年』（有志舎、二〇二〇年）の第一一章「東アジア国際共産主義運動の「五五年体制」」を参照されたい。

（4）拙稿「「マッチョな社会運動」の「終わりのはじまり」」（『社会運動史研究』二号、新曜社、二〇二〇年四月）。

（5）筆者と同じく戦後大阪の労働運動の独自的展開に着目する篠田徹（「大阪労働者階級の形成――戦後の金属労働者を事例に」『早稲田社会科学研究』五一号、一九九五年一〇月）も同様の指摘を行っている（同「書評『戦争・革命の東アジアと日本のコミュニスト――一九二〇―一九七〇年』」『社会運動史研究』三号、新曜社、二〇二一年七月）。

（6）歴史学の立場から編まれた安田常雄編『シリーズ戦後日本社会の歴史3　社会を問う人びと』（岩波書店、二〇一二年）所収の諸論文の成果をあげておく。

（7）注（4）前掲拙稿参照。

（8）政治学の立場から革新自治体を論じたものとして、功刀俊洋による一連の研究（「地方政治における戦後体制の成立」

『年報日本現代史』一三号、二〇〇八年等）や、岡田一郎の研究（『革新自治体――熱狂と挫折に何を学ぶか』中央公論新社、二〇一六年）がある。前者は同時代の革新勢力と保守勢力の対抗関係に着目して各地での革新自治体の成立と展開を明らかにしており、後者は革新政党の中央の動きに着目して革新自治体ブームの時代を俯瞰的に明らかにしている。歴史学の立場に立つ本稿は、革新自治体の成立を支えた労働運動の動きに着目して、革新自治体の成立と展開の過程を通時的に論じる視点をとる。

(9) 『大阪社会労働運動史』の編纂に至る大阪での社会運動史研究の発展については、『大阪社会労働運動史』の戦前篇（一・二巻）の監修者を務めた京都大学人文科学研究所教授・渡部徹の仕事に即して整理を行っている（拙稿「渡部徹の歴史学」『大原社会問題研究所雑誌』七四一号、特集　社会運動史研究のメタヒストリー、二〇二〇年七月）。

(10) 三輪泰史「大阪市民の生活史」（『新修大阪市史』七巻、大阪市、一九九四年）四七一頁。

(11) 旧東成郡・西成郡よりなる大阪四区は、工場が多く労働者が集住する地域であった。

(12) 村尾重雄（一九〇一―八九年）は、一九一九年頃友愛会に加盟し、労働農民党・社会民衆党・社会大衆党の要職を担ったのち、一九三九年には翼賛非推薦で大阪府議会議員に当選、戦後は総同盟副会長を務め、一九四七年には社会党から参議院議員に当選して三期を務めた。一九六〇年民社党に参加、一九六四年からは大阪会議会長を務めた。

(13) 椿繁夫（一九一〇―九一年）は、日本労働組合総連合に加入したのち合法左派の道を選び、日本大衆党に参加したのち大阪無産大衆党を結成して労農派系と関係を強め、一九三七年には社会大衆党から大阪市会議員に当選、一九三七年には第一次人民戦線事件で検挙された。戦後は総同盟の再建に加わったのち総評大阪地評に転じ、一九五〇年から一五年にわたって社会党参議院議員を務めた。大阪の左派社会党の重鎮でもあった。

(14) 仲橋喜三郎（一九〇〇―七〇年）は、一九一八年に友愛会に加盟して労働運動に身を投じ、評議会解散後は、総評・全評と一貫して合法左派の道を歩み、一九三七年に第一次人民戦線事件で検挙された。戦後は総同盟・社会党に加わり、一九五一年に総評大阪地評初代議長に就任した。

(15) 大阪では、一九二〇年の第一回メーデー以来、メーデーが禁止される一九三七年まですべてのメーデーを全労働組合の参加で挙行し続けていたことも、戦後初期において労働組合統一が目指される前提となった。戦後も、総同盟会長の金正米吉（注18参照）が存命の間は、大阪のメーデーは統一メーデーとして挙行された。

(16)　西川彦義（一九〇五—七九年）は、一九二五年に総同盟に加入し、一九三一年に共産党に入党して全協で活動し、一九三九年には阪神地区党再建グループとして再検挙され、仙台刑務所で服役した。戦後は大阪の共産党再建に尽力したのち「五〇年分裂」では国際派を支持して除名され、六全協後に復党すると党中央委員に選出されたが、一九六一年綱領草案に反対の立場をとって再度除名された。

(17)　政治犯釈放により仙台刑務所を出獄したその足で東京に向かい、荒畑・高野に会って労働組合一本化のための尽力を約していた西川にとっては当然の行動であった（西川彦義遺稿集刊行会編『彦さんの本領——西川彦義の回想と遺稿』私家版、一九八二年、一〇一—一〇二頁）。

(18)　金正米吉（一八九二—一九六三年）は、一九一七年友愛会に加入し、以降総同盟幹部として反共の立場を貫き、戦後は総同盟大阪連合会長を経て総同盟会長に就任し、生産性運動を推進する立場をとった。

(19)　近藤博夫（一八八八—一九六六年）は、京都帝国大学工学部土木工学科を卒業後、内務省技師から大阪市役所に転じて港湾部長を務め、一九三〇年からは大林組の常務取締役を務めていた。戦災復興の必要から「技術者として優れた識見をもつ」として市長候補になった近藤の選対本部は、社会党の椿が担った（椿繁夫『水脈遠く——五十年風雪の道』新時代社、一九八三年、一一七頁）。

(20)　栗本を助役に招聘するにあたっては、戦前から栗本鐵工所では総同盟の勢力が強かったことから、金正が力を尽くした（同前、一一九—一二〇頁）。

(21)　竹村保治『近藤・中井・中馬市長とその時代——戦後大阪市政を回顧して〈市政研究ブックレット②〉』大阪市政調査会、二〇〇三年、一一—一二頁。清掃業務を局単位で実施するのは当時としては最先端の政策であった。

(22)　三輪泰史「占領政策の転換と社会運動」（『新修大阪市史』八巻、大阪市、一九九二年）四六九—四七一頁。

(23)　中江平次郎『戦後大阪の労働運動——たたかいの輪のひろがり』私家版、一九八四年、二〇頁。実際、総評大阪地評の中核は大阪市労働組合連合会（大阪市労連）など官公労にあった。中江平次郎（一九一一—九九年）は、神戸高等商業学校を経て旧制東京商科大学を卒業して、戦後に住友金属から創設期の総同盟に転じて以降、大阪の労働運動の中核を担い、一九七四年に総評大阪地評三代目議長に就任した。一九八〇年代後半からは『大阪社会労働運動史』の編纂を主導し、その編纂のために中江が収集した労働運動に関する膨大な文献・資料は、大阪産業労働資料館（エル・ライブラリー）所蔵の「中江文書」として残されている。

(24) 生産性関西地方本部は、生産性向上運動において初の地方組織となった。

(25) 両社会党府連は保守派の中井に対して民主党籍の離脱を迫ったが、前回選挙で対決した中井を推薦することへの反発が根強かった総評大阪地評は、独自候補を擁立した。

(26) 平和運動・日中国交回復促進運動などを担った小畑忠良（一八九三―一九七七年）の戦後の活動については、小畑忠良追想記刊行会『平和一筋の道――小畑忠良の後半生』（私家版、一九八七年）に詳述されている。同書の編纂にあたったのは、小畑の選挙戦を支えた社会党大阪府連の荒木傳である。

(27) 同前、一〇三頁。

(28) 荒木傳氏聞き取り（二〇二一年三月一七日、於・大阪産業労働資料館）。

(29) 注（3）前掲拙著、二六五―二六六頁。

(30) 井岡大治（一九一四―九三年）は、戦前から大阪市の市電従業員として労働運動に献身し、戦後社会党に入党するとともに一九四五年一〇月に戦後大阪ではじめての労働組合として発足した大阪交通労働組合の初代委員長に就任し、一九四七年に組織された大阪市労連の初代委員長も務めた。井岡は一九五五年二月の第二七回総選挙で左派社会党から衆議院議員に当選している。

(31) 井岡大治『友と歩んで幾星霜』私家版、一九九〇年、二〇一―二〇三頁。

(32) 高岡裕之「「構造改革」論の成立に関する覚書――一九六〇年前後のマルクス主義」（北河賢三・黒川みどり編著『戦中・戦後の経験と戦後思想――一九三〇―一九六〇年代』現代史料出版、二〇二〇年）二〇七頁。

(33) 坪井正（一九〇六―五六年）は東京帝国大学の学生時代に三・一五事件で検挙され、出獄した一九三二年からは非合法共産党の地下活動に従事した経験をもち、戦後は大阪梅田で布団屋を営みながら社会党大阪府本部の活動を担っていた。坪井の自宅には、戦前に上海で内山書店を経営していた内山完造も出入りしており、帖佐義行は、坪井宅での内山との出会いが、総評大阪地評が日中貿易促進運動や日中国交回復促進運動に加わるひとつの要因であったと回想している（帖佐義行「私と大阪総評二十年」（一六）、『大阪地評』三三五号、総評大阪地方評議会、一九七一年六月一日）。

(34)　坪井正「日本は植民地か従属国か――左派社会党の前進のために」（『中央公論』六八巻七号）一九五三年七月。

(35)　左派社会党は、第一〇回大会（一九五三年一月）で党綱領の制定を決定した。その中心となったのは、山川均を中心として平和四原則の堅持を掲げる社会主義協会（一九五一年六月結成）である。山川をはじめ大内兵衛、向坂逸郎ら旧労農派に左派社会党の幹部、そして高野、岩井章、太田薫、清水慎三などの総評幹部が加わった社会主義協会は、戦後日本を日本独占資本と労働者階級の対立にあるとして、来るべき日本の革命を社会主義革命であるとする左社綱領を起草した。しかし清水は、日本はなお「植民地的」な隷属下にあるとする立場から、来るべき日本の革命を民族解放社会主義革命とするいわゆる清水私案を起草して、左社綱領とは異なる方針を提示した。したがって、大阪の社会党は清水私案を支持する立場をとって、社会主義協会とは距離を置いた。

(36)　注（28）前掲荒木聞き取り。

(37)　注（32）前掲高岡、二三〇頁。

(38)　松下圭一『現代政治・発想と回想』（法政大学出版局、二〇〇六年）七四頁。

(39)　道場親信「戦後日本の社会運動」（『岩波講座日本歴史19　近現代5』岩波書店、二〇一五年）一一五頁。なお、「自治体改革」という言葉自体、構造改革からヒントを得た松下が一九六〇年に造語したという（注（38）前掲松下、七四頁）。

(40)　大森誠人（一九二九―九五年）は、東京商科大学で初期全学連運動を担い中退したのち労働運動に飛び込み、大阪・京都で労組書記を務めるとともに共産党大阪府委員会常任委員を務め、一九六一年七月に共産党を離党した。統一社会主義同盟の書記長を務めたのち自治労・大阪市労連を経て大阪市政調査会事務局長を務め、中岡哲郎・熊沢誠らとともに関西の構造改革論を理論的に支えた。

(41)　西尾除名要求動議の背景には、西尾が現代世界を「資本主義か社会主義か」ではなく「民主主義か共産主義か」であると語ったことがあった。

(42)統一社会主義同盟創設時（一九六二年五月）の同盟員六〇九名のうち、その半数が神戸大学・立命館大学の学生であり、労働者は大阪の二三〇名が大多数を占め、残りが学者であったというが、大阪の労働者の多数は大阪市職員労働組合と大阪教職員組合の活動家であり、学者の多くが桃山学院大学の教員であったという（大森誠人・英子追悼集刊行委員会『滄海の波紋』私家版、一九九七年、三一七―三一八頁）。したがって、中央での構造改革派と関西の構造改革派は相当に運動の性格と担い手を異にしていた。

(43)そのような活動の場となったのが、職場や地域で組織されたさまざまなサークル活動であった。高度経済成長期の大阪には、地方から流入した多数の若年労働者が暮らしており（加瀬和俊『集団就職の時代――高度成長のにない手たち』青木書店、一九九七年、三八頁）、彼ら／彼女らを共産党の青年組織である民青（日本民主青年同盟）に組織化する場としてサークルは機能していた。その具体的活動については、反民青の立場から書かれた『恐るべき民青――経営はこうして破壊される』（全貌社、一九六六年）、『民青の告白――職場の中から三〇人の手記』（全貌社、一九六七年）などを参照されたい。

(44)大阪での平和運動の分裂については、拙稿「大阪のベトナム反戦運動――労働運動と市民運動の交点で」（『関西・大阪の社会経済問題の歴史と現状〈研究双書第一七一冊〉』関西大学経済・政治研究所、二〇二〇年）で総評・社会党の立場から詳述している。

(45)ただし、実際の労働運動の現場では、総評大阪地評・社会党系の組合員と共産党系の組合員は資本への対抗という立場を堅持して共闘関係を続けた（注(28)前掲荒木聞き取り）。

(46)自治労大阪府本部衛星都市職員労働組合連合会編『衛都連二十五年史』私家版、一九七六年、一九二―一九五頁。

(47)『大阪民主新報』一九六八年六月一〇日。『大阪民主新報』は、一九六二年の創刊から一九七二年まで大阪府委員会機関紙として発行され、一九七三年からは大阪民主新報社が発行している。

(48)民社党の支持母体である全労大阪会議は、中立組合に加入の働きかけを進めて大幅に加盟組合員数を伸ばしていた一方、総評大阪地評への加盟組合員数は低迷していた。

(49)都政調査会（一九五五年創設）や、横浜市政調査会（一九五七年創設）をモデルとして創設を目指した（大阪市政調査会二〇周年行事小委員会『大阪市政調査会二〇年のあゆみ』私家版、一九八二年、九頁）。
（50）大阪市政調査会の創設は、落選した中馬の受け皿という側面もあった。
（51）大阪市政調査会「創立一周年をむかえた大阪市政調査会」一九六三年。
（52）帖佐義行（一九一一―八九年）は、一九二〇年代に阪神電鉄の車掌として労働運動に身を投じ、戦後は阪神電鉄での労働組合再建を指導したのち、一九四七年に日本私鉄組合総連合会（私鉄総連）が結成されるとその初代書記長に就任し、一九五一年からは総評大阪地評事務局長を、一九七〇年からは総評大阪地評二代目議長を務めた。帖佐自身も構造改革論を支持する立場をとっていた（山六会編『濁流を悠々と――山田六左衛門とその時代』私家版、一九八一年、三四一頁）。
（53）大島靖（一九一五―二〇一〇年）は、東京帝国大学卒業後内務省に入り、一九四九年には大阪府労働部長に就任していた。近藤市政下での中馬と大島は、市内森ノ宮への労働会館の設置にあたって協力した経験があった。
（54）黒田隆幸『月の石――都市復権にかけた中馬馨　命の軌跡』下巻（同友館、二〇〇一年）一二〇―一二一頁。
（55）同年に革新統一候補として横浜市長となった社会党員の飛鳥田一雄も公共料金値上げに踏み切っていたことから、大阪市の値上げもやむを得ないとされ処分は回避された。
（56）府知事選候補として社会党が擁立した菅原昌人が、共産党と対立する日中友好協会（正統）の役員であったことから、共産党は菅原支持を拒否して村上弘を擁立した。大阪市長選では、中馬を革新と認めないとする共産党は桑原英武を独自に擁立し、社会党・民社党による中馬擁立に自民党も相乗りした。
（57）『大阪社会労働運動史』五巻、七四七頁。
（58）注（49）前掲大阪市政調査会二〇周年行事小委員会、二九頁。
（59）同前、三一頁。この調査は、「労組独自の自治体改革に対する主体的な取組み」と評価されたものの、一方で市長と市労連の関係について、「組合が丸抱えにされて骨抜きになっているのじゃないかと疑いたくなる。市長とうまくいっているところにむしろ問題がある」と、革新市長とその支持母体としての大阪市労連の関係のあり方にも疑問が呈されることにもなった（鈴木沙雄「革新市政と労組」『朝日ジャーナル』一九六六年一〇月一六日号）。

(60) 中央では共産党の主張通り共産党除名者を排除するかたちで統一行動が実現していたことから、大阪でも統一行動を目指す話し合いがもたれたものの、共産党があくまでも「修正主義者」の排除を要求したのに対して、総評大阪地評の帖佐や社会党の西風は、共産党除名者の組織の存在は「ハナクソみたいなものであり、大衆的にもその存在はたいしたものではな」く、「いずれはなくなるもの」であるとして、共産党が問題にすればするほど「かれらの存在を大きくしてやるようなもの」であるのだから、彼らの統一行動への参加を認めても「どうということはないではないか」と反論したという（『大阪民主新報』一九六五年一一月一〇日）。

(61) 『大阪民主新報』一九六七年一一月二日。

(62) 総評大阪地評は、一九六九年二月に全大阪反戦青年委員会に対して三派全学連とは「共同行動をとらない」ようにとの指示を発した。これに強く反発した社青同大阪地本は「緊急アピール　さしあたってこれだけは」を発して、これまでの共闘関係を切り捨てようとする総評大阪地評の対応を激烈に批判した。このアピールが、六〇年安保闘争のさなかに共産党中央の消極的対応を批判する共産党員の武井昭夫、谷川雁、関根弘らが発表した「さしあたってこれだけは」を踏まえたことからも（彼らはその後共産党を除名された）、これも相当の覚悟のうえでの行動であっただろう。

(63) 『大阪民主新報』一九六九年七月二八、三一日。

(64) 『大阪社会労働運動史』第五巻、一〇八二頁。

(65) 注（28）前掲荒木聞き取り。

(66) 共産党が即時廃止を主張したのに対し、社会党は廃止に伴う補償をめぐる財政問題を解決したのち廃止すべきであると主張した。最終的には、一九七二年からの二年間のみ競馬を開催してその売り上げを補償の財源として確保したのち、廃止にこぎ着けた。

(67) 注（42）前掲大森誠人・英子追悼集刊行委員会、三三八―三三九頁。

(68) そのような作業に取り組む手がかりとして、東日本（埼玉県所沢市域）の事例ではあるが、鬼嶋淳『戦後日本の地域形成と社会運動――生活・医療・政治』（日本経済評論社、二〇一九年）による成果をあげておきたい。

(69) 詳細については、増田弘「行政改革――大阪市における「市政改革」を事例として」（『大阪社会労働運動史』九巻、二〇〇九年）および、熊沢誠「大阪市における公務員の労使関係」（同前）を参照されたい。

（70）大阪高裁では、二〇一二年度の市による退去命令のみ違法と判断された（二〇一五年六月二日の判決による）。

Ⅱ　うたごえ運動の一九六〇年代
――運動方針の変化から――

河西　秀哉

はじめに

本稿の課題は、うたごえ運動の展開から、一九六〇年代の日本における社会運動の軌跡を明らかにすることである。まず、それまでのうたごえ運動について概略しておきたい[1]。

敗戦後の「民主化」によって、人々は様々な文化活動を積極的に展開していくようになる。合唱もその一つである。物資が不足するなか、楽器もそれほど必要ではなかった合唱は、自然発生的に多くの人々が取り組む文化活動ともなった。また、「民主化」によって労働組合活動も占領軍から奨励され展開されていくが、時に政府と対峙するなかで、団結し参加者たちが自身を鼓舞するため、様々な歌が合唱されることもあった。

一方、敗戦後に再建された日本共産党は職場における文化サークル組織の支持・強化を促進する方向性を打ち出し、日本青年共産同盟（青共）は文化工作の一環としてコーラス隊の結成を構想していく。そして一九四七年一二月に青共中央コーラス隊が結成され、戦前のプロレタリア音楽運動に携わっていた関鑑子がその指導にあたるようになる。コーラス隊はその後、団体名を青共中央合唱団と改称して正式に創立に至った。これがうたごえ運動のスタートである。その後、関の発案により「みんなうたう会」が始められ、その後に組織される職場の合唱団やうたごえサークルの基盤となった。また、大阪や名古屋などで中央合唱団の演奏会を開催し、うたごえ運動は全国的に広がりを見せていく。

一九四九年二月には青共が民主青年団（民青）に改称したことを受けて、名称を民主青年団中央合唱団に変更、一九五一年六月には民青からの独立が決定され、中央合唱団と改称された。中央合唱団は当初は民青の組織であったため、その主張のなかには共産党の影響を受けた政治社会性が見られた。しかし東西冷戦構造の構築によって、占領政策は次第に「民主化」から転換した「逆コース」によって、共産党や労働運動に対しても強い圧力が加えられるようになり、その勢力は衰退し始めた。一九四八年には共産党の組合支配に対する反発から産別会議が分裂、労働運動の中心は一九五〇年七月に結成された日本労働組合総評議会（総評）に移った。このころに中央合唱団は民青から独立し、総評と積極的に結びつきを強めていく。この過程を見れば、うたごえ運動は共産党の影響下で始まったものの、もともと敗戦直後は文化運動に幅広い勢力が結集しており(2)、そのなかで展開された運動だったと考えられる。そして政治社会的な過程のなかで共産党への圧力が始まり、幅広い勢力での文化運動が展開できなくなると、運動の裾野をそのまま広く維持するために共産党から独立したといえる。

こうして総評との結びつきを強めたうたごえ運動は、頻発する労働運動とそこに集う活動家との関係性を強く持っていった。うたごえ運動で歌われた曲のなかには新しく作曲された労働歌もあり、労働運動や労働者を励ます作用があったことも、労働運動のなかでうたごえ運動が広がっていく理由となったのである。つまり、一九五〇年代に広がった民主主義を守る運動・平和を求める運動の一つとしてうたごえ運動は展開された。うたごえ運動のなかで平和を求める動きは大きかった。平和を求める歌が積極的に合唱され、党派性を超えて人々の共感を得ていく。一九五〇年代前半には反基地闘争や原水爆禁止運動に見られるように、人々の反戦・平和要求の機運が盛りあがった。そして、労働者の祭典であるメーデーにおいてもうたごえ運動が大きくかかわった。集会やデモ行進ではシュプレヒコールをあげるだけではなく、参加者がみんなで歌を合唱し、それによって主張を訴え団結力を高めた。社会運動を盛りあげるためにうたごえ運動が展開されたのである。様々な社会運動において展開されたうたごえ運動は、そこから全国へと広がる効果を有していた。争議などの後、それまでうたごえ運動にかかわっていなかったような人々が地元に帰り、その時の経験を基にうたごえ合唱団を結成するケースもあった。

一九五四年三月の第五福竜丸事件などを経て高揚する原水爆禁止運動においても、うたごえ運動は積極的に関与している。《原爆を許すまじ》（浅田石二作詩、木下航二作曲）はその時に創作された曲であり、うたごえ運動において最も著名な曲の一つとなった。うたごえ運動のなかで平和を求める動きが高まり、そして平和を求める歌が作られ、この時期に盛んであった社会運動・平和運動と結びついていくことでより発展していった。うたごえ運動側も、平和運動が盛んに展開されているなかで自身の運動が次第に広がっていったと考えていた。だからこそ、《原爆を許すまじ》のように平和を訴えかける歌が盛んに合唱されており、一九五〇年代の社会的な問題を背景に、うたごえ運動は「新らしい段階」に至ったと自己認識していた。

一方でうたごえ運動はまた、こうした社会運動・平和運動としての意味だけではなく、職場のサークルとしての意義も大きかったと思われる。労働者は職場の仲間どうしで気楽に集い、合唱することによって楽しむ感情を有していた。残業という労働のつらさを解消するものとして、参加者たちはうたごえ運動をとらえていた。うたごえ運動は職場のレクリエーション、サークルとしての意味合いを持っていたのである。歌を歌うことによって心身の解放・日々の生活の苦労の緩和、日常の糧になる作用があり、それゆえにうたごえ運動は広がっていった。みんなで合唱することによって、そうした作用を浸透させる意図をうたごえ運動は持っていたのである。そしてうたごえ運動が職場の人間関係の触媒になることもあった。うたごえ運動を通して、歌だけではなく職場の人々が集うこと・話し合うことが頻繁に行われるようになり、職場の人間関係が親密になっていく。うたごえ運動は実際に歌うだけではなく、参加者どうしが自身の意見を訴えながら、相手の意見にも耳を傾け、運動を展開する意識を有していた。うたごえ運動に参加した人々のなかには、政治社会性ではなく、こうした点に魅力を感じていた者も数多くいたと思われる。

そのような意義でうたごえ運動に参加していた人々にとって、その活動が共産党の運動や「アカ」と見られることには抵抗感が存在していた。みんなで一緒に合唱することを重要視し、だからこそ彼らはうたごえ運動の歌に政治的な部分があることを批判していた。そして、そうした思想を超えたところで歌を通じてつながることを訴えたのである。それはうたごえ運動に、より広がりを持つ運動であることを求めるものであった。共産党の文化運動にとどまらない、サークルとしてのつながりを希求し、思想を超えた歌の集団としてのうたごえ運動を求める参加者の存在があったと思われる。

こうして拡大していったうたごえ運動を、一九五五年ごろになるとまずは週刊誌などのマスメディアが大きく取りあげるようになる。そして、うたごえ運動はより一般にも知られるようになった。それまでマスメディアがほとんど注目していなかったにもかかわらずこのような紹介記事が書かれたのは、それだけこの時期になると運動が高揚して世間でも放っておけない現象になっていたからであった。その後、新聞にもうたごえ運動に関する記事が掲載され、その是非が問われるようになった。このように一九五〇年代中盤になると、新聞という一般的なマスメディアのなかで、うたごえ運動に関する意見が戦わされることになった。それだけうたごえ運動が広がりを持ち、人々に影響を与え始めていたからであろう。大手メディアも無視できない勢力となっていたのである。

そして文部省も、うたごえ運動の学校現場や社会への浸透に危機感を持ち、それを止めるための方策を実施しようとする。一九五五年七月、共産党はそれまでの武装闘争方針を放棄したもののそのイメージは根強く、うたごえ運動は共産党による革命のための文化工作と見る意識が強かった。一方で合法活動路線への転換は、共産党がうたごえ運動のようなブームと結びついていたとすれば、それが人々に浸透してデモや投票行動へと発展し、政権にとっては脅威となり得ることも予想された。それゆえに文部省はその対策に乗り出したのである。

対してうたごえ運動側は、批判を受けても当初は方針を転換しなかった。先述したように、平和を訴えかける社会的な意識を背景に「新らしい段階」に至った＝人々に浸透し広がったと考えていたうたごえ運動側は、その旗印を降ろすはずはなかった。平和を求める社会運動が展開され、保守政権と対峙することによって運動が拡大してきたと自負していたからこそ、方向性はそのまま継続したのである。

しかし、うたごえ運動を一定程度評価する音楽家からも、運動の性格を変化すべきとの意見が次第に提示されるようになる。そのなかでも特に作曲家で指揮者の芥川也寸志の意見は大きな影響力を持ち、それを受けてうたごえ運動側も方針を次第に変化させていく。一九五五年に開催された「日本のうたごえ」祭典では、それまでの平和運動を掲げたスローガンから、「ふるさとの歌を、しあわせの歌を」へとそれを変化させた。人々の生活に密着するうたごえ運動への転換を図ったのである。また、運動の内容についても次第に変化を加えていく。まずサークルとしてのまとまりをいかに構築するのかを模索し、サークルを組織化するような指導を行っていった。具体的には、地域や産業ごとに協議会が作られ、それぞれの連携を強めて参加者を増加させる方策に出た。同じ業種で交流したり悩みを共有したりする場を設け、それによってうたごえ運動サークル活動を行っていこうとする意識を見ることができるだろう。「日本のうたごえ」祭典ではそれまでも業種ごとの合同合唱を行っていたが、より密接にかかわるための場が運動の転換後に相次いで結成されていった。また講習会なども開催され、参加者どうしの交流が図られるとともに、音楽的な技術の向上も目指された。講習会では懇談の場なども設けられ、お互いの共通した悩みが吐露されている。この講習会では交歓会と批評会もあり、こうした場でお互いの技術を高め合うような経験がなされていく。うたごえ運動に、討議だけでもなく、また技術だけでもない、両者ともに展開される場が用意されるようになったのである。こうしてうたごえ運動は一九五〇年代半ばになると、社会運動から生活に基盤を置いたサークル運動へと傾斜していった。

では、そうした活動がその後どうなるのか。まずは一九五〇年代後半から検討し、そして一九六〇年代の状況を見ていきたい。

一 「政治の季節」のうたごえ運動

前述したように、一九五〇年代、うたごえ運動は民青から独立し、総評との結びつきを強めた。総評は一九五三年度の「日本のうたごえ」祭典の後援団体となり、翌年には総評とうたごえ運動側との提携も行われた。うたごえ運動の機関誌や公演パンフレットには総評の事務局長であった高野実が文章をたびたび寄せており(3)、総評側にもうたごえ運動が重要視されていたと思われる。一九五〇年代の労働組合員数は増加、そのなかで総評の組織率は非常に高かった。五〇年代前半に労働争議数は停滞するものの、五七年ごろからは増加しており、そのなかでの総評のイニシアティブも高かった(4)。そうした労働組合・労働運動のなかでの総評の圧倒的な力が背景にあり、それと結びついたうたごえ運動も発展していったのである。

この一九五七年ごろから労働争議の数が増加してきたことがポイントとなった。前述のように、次第にうたごえ運動の性格は、一九五〇年代半ばには人々の生活に根ざしたサークル的なものになっていたが、このように増加した労働争議と結びつくことで、運動の性格が再転換することになったのである。

たとえば、一九五六年の「日本のうたごえ」祭典ではフォスター作曲の《おおスザンナ》などの外国の曲、山田耕筰作曲の《赤とんぼ》のような日本の曲など、バラエティ豊かな選曲で演奏されていた。(5) もちろん、砂川闘争を題材にした《砂川よ》(さかもとばんり作詩、芥川也寸志作曲)のような社会運動に根ざした曲も合唱されたが、それは様々に演奏された曲のなかの一つであった。それだけ、うたごえ運動はこの時期、多様な関心を持つ人々を包摂するような合唱運動へと変化していたのである。ところが、翌一九五七年の「日本のうたごえ」祭典ではそうした曲は減り、国鉄のうたごえが組曲《不当処分をはね返そう》という曲を歌ったことに代表されるように、多くの団体は社会運動・労働運動に根ざした創作曲を合唱し、それが祭典の曲の大きな柱となった。(6) それはこの年から、教育委員会による教員への勤務評定が強行されたことに反対する勤評闘争が展開されたことなど、社会運動の大きな流れが背景にあった。この「日本のうたごえ」祭典に参加した人々のなかからは、「闘争の苦しいときにささえになったものはなんといっても歌です。それも他の人がつくったものでなくて、その時の私たちの気持をあらわしたものが一番はげみになりました」との感想が寄せられたという。(7) 社会運動のなかでのうたごえという側面が求められたからこそ、うたごえ運動の指導者たちもその状況を察知して方針を変化させ、このように運動の性格が再転換したのである。

しかし一方で、これには批判も存在した。「聴衆が集会の訓練をつんだ労組一色に色どられていて、社会の各階層を交えての多様な色彩がみられなかった」、つまりは一般から隔絶された祭典になってしまったというものである。(8) 一九五七年に社会運動の高揚に対応する形でうたごえ運動もサークル的な活動から再転換したが、最初の転換はそもそも社会運動に強くコミットしたうたごえ運動に付いていけない人々を包摂するためのものでもあった。ところがごく短期間で再度転換すれば、やはりそうした人々をふるい落としてしまうことになる。それへの批判であった。ただし、こうした批判はあったものの、社会運動の高揚に合わせてうたごえ運動は再転換の道をそのままその後も継続していくことになる。

うたごえ運動側はこの一九五七年の再転換について、関鑑子が「『うたごえは平和の力』は更に確認され」たと述べたことに代表されるように、こうした方向性が参加する人々の共感を得つつ、大きな役割を果たすような機会になったと高く評価している。一方で、参加者のなかにはそうした方向性は認めつつも、自身の合唱団の活動が盛んな理由は、それぞれの人間関係の構築や恋愛など「新らしい人間関係」にあり、いうならばサークルの側面からであるとの意見（国鉄横浜）も寄せられた(9)。その意味では、再転換はうたごえ運動の方向性となってはいたが、参加者の意識は必ずしもそれ一色に染まっていたわけではなかった。両者の共存、もしくは全体としての再転換路線がありつつもサークルとしての側面も残っているという状況ではなかったかと思われる。

しかし、翌一九五八年にはむしろ再転換を強く後押しする状況が相次いだ。まず、総評傘下の紙パルプ労連では中核的組合であった王子製紙労働組合（北海道苫小牧）の賃金要求に対して会社側がそれを拒否し、長期にわたる労働争議（王子製紙争議・王子闘争）が勃発する。うたごえ運動はその争議に対して支援をし、全国から多くの人々が苫小牧まで出向き、そこで合唱をして組合側を鼓舞した(10)。もともと、北海道では一九五〇年代前半、各地の炭鉱などで労働者たちが組織した「うたう会」が生まれ、一九五五年以降は「北海道うたごえ」祭典が開催されるなど、うたごえ運動が展開されている素地があった(11)。そこに総評傘下で大規模な労働争議が起こったことから、それに対するうたごえ運動側の支援も重視され、争議を行う労働者たちを励ますようにと、労働歌や民謡などが合唱された。そして、労働者もうたごえのグループを組織し、「日本のうたごえ」祭典などに代表者を派遣していく。それによって、うたごえ運動が各地の労働争議を支援していることがより可視化され、再転換の方向性がより強調されていくことになった。王子製紙争議への支援が、うたごえ運動における労働運動への傾斜をより強めたともいえる。

また、同年には警察官職務執行法（警職法）改正を岸信介内閣が突然提案したことから、『うたごえ新聞』では「うたもうたえなくなる警職法反対」との見出しを掲げたように(12)、うたごえ運動はこの法改正を強く憂慮、警職法粉砕うたごえ行動隊なども結成され、反対の声をあげて運動を展開していく。警職法改正反対の動きは労働組合だけではなく、多くの人々からもあがり、マスメディアでも反対の声は高まって大きな動きとなっていく。このように、一九五八年以降、大規模な労働争議が起こり、社会の状況も変化したため、それがうたごえ運動の再転換の方向性を後押ししたのである。そして、警職法反対運動を前にして政府が改正を断念したことからそれが運動の成果として評価されるとともに、岸内閣への不信感が人々へと浸透し、運動にも大きな影響を与えていった。それが、その後のうたごえ運動の活動が政治へとよりコミットしていく＝「政治の季節」のなかへ積極的に入っていく要因になったのである。

その頂点ともいえる時期が、一九五九年から六〇年にかけての三池闘争であった。福岡県大牟田市から熊本県荒尾市にかけて広がっていた三井三池炭鉱は、一九五〇年代後半の国による石炭から石油へのエネルギー政策転換の影響を受け、一九五九年には合理化計画を立て、人員削減という名の下に同年一二月に指名解雇が労働者側に通告された。すでに一九五三年には同様の会社側からの指名解雇に対して組合が反発し、ストライキに突入して会社側がこれを撤回する前例があった。そのため組合側は一九五九年も会社側の措置に反発、翌年一月二五日より無期限ストに入ったものの、今回は会社側が職場闘争の一掃を図って合理化を進める決意は変わらず、財界はこれを支援する。一方、総評は労働組合を支援、「総資本対総労働の闘い」と称され、世間の注目を浴びるようになる（三池闘争）。後述する安保闘争との関係性から、この闘争には大量のオルグと資金が三池に投入されたほか、逆に三池からも逆オルグが各地に派遣されることとなった(13)。

うたごえ運動は、この三池闘争に大きく関与することになる。すでに一九五〇年代半ばより三井三池炭鉱ではうたごえ運動が盛んで(14)、先述した一九五三年のストライキ後、三井三池炭鉱の三井鉱山三池製作所で機械組立工として働いていた荒木栄らを中心として、「歌を覚える会」が組織され、同年一二月に開催された第一回「九州のうたごえ」

祭典に参加、そこで中央合唱団の奈良恒子と会い、うたごえ運動との結びつきが強化されていく。そして三井三池炭鉱ではうたごえ運動が根付いていき、荒木がその指導を担っていった。(15)

一九五九年一〇月には、中央合唱団青年グループがうたごえオルグとして三池炭鉱に派遣され、会社側の措置に対する組合の反対活動を支援した。これは、総評が翌月に炭鉱の企業整備反対を中心にした臨時大会を開催することに合わせての対応で、(16)やはり総評とうたごえ運動の強い結びつきが見て取れる。そして翌年の労働組合による無期限スト後、うたごえ運動側もより積極的にそれを応援する態勢を整えていく。まずは九州各地のうたごえ合唱団の人々が大牟田へ結集、中央合唱団も奈良らオルグを派遣し、全国からカンパが集められたほか、うたごえ行動隊本部を現地に設置、「いまこそ三池に結集しよう!」というスローガンを掲げて労働組合の動きを支援した。(17)

三池側では荒木栄が先頭となり、うたごえ運動が闘争に深く浸透していた。荒木は前年の一九五九年に熊本県で開催された第七回「九州のうたごえ」祭典を企画、自身の作詩・作曲による《どんと来い》がそこで歌われ、三池闘争におけるうたごえ運動のシンボル的な歌ともなっていた。(18)この歌はまず「資本家どもぉ　我がどんばっかり　しこたま儲けて　知らん顔/投資はするくせ　不景気ちゅうて　首切り賃下げやり放題」という掛け声から入り、次のような歌詞が歌われる。

みんな集まれ　腕を組め
炭坑マンも鉄道員も　化学の仲間も日雇いも
企業合理化　はね返そう(オー)
どんと来い　はね返そう
どんと来い　見せてやろう

働く仲間の　団結を（ソレ）　団結を（オー）

そのメロディは熊本県民謡の《おてもやん》に似た曲で、参加した人々にとっては身近であり、浸透しやすかったと考えられる。炭鉱のみならず、「企業合理化」といったどの労働組合もが直面する問題を直接的に歌いあげたことも、多くの人々に受け入れられる要素になった。そしてうたごえ運動のなかでは、この「どんと来い」がスローガンのようになり、運動を全国に広げつつ、三池闘争支援の活動が展開されていく[19]。六月五日には三池炭鉱三川坑ホッパー前において、「安保粉砕国会解散三池共斗　三池のうたごえ」が開催された。ここでは、九州各地のうたごえ合唱団ほか、全国各地のうたごえ合唱団なども集結しており、労働者やその家族なども含めた歌唱指導も行われ、その交流が図られた[20]。三池炭鉱という現場でうたごえ運動の祭典が開催されることによって、うたごえ運動が三池闘争を支援していることがより可視化されるとともに、労働者やその家族との結びつきが強いことが意識化されていったのである。

また、一〇月三〇日には第八回「九州のうたごえ」祭典が小倉で開催されたが、そこでは三池闘争への支援が強調され、プログラムには「三池うたごえ行動隊の記録から」という文章まで掲載された[21]。この第八回「九州のうたごえ」祭典には全国のうたごえ合唱団の団員が小倉や三池炭鉱のある大牟田まで出かけていたが、その参加者の一人である関西合唱団の木下藤吉は、「声援にあつくなる胸」と述べて、三池闘争を支援するうたごえ運動と実際に闘争をしている人々との交流や結びつきを強く感じたことを記している[22]。三池闘争の現場にうたごえ運動の参加者たちが向かうことで、自分たちが行っている運動が労働運動にとって必要不可欠であることを認識していったのである。このように、全国的にも知名度を有するようになった三池闘争への支援によって、うたごえ運動は再転換の方向性をより強めていくことになった。

そして、一九五九年から六〇年にかけては、日米安全保障条約改定をめぐる安保闘争が激化した時期であり、三池闘争とのつながりによって労働者の安保闘争への意欲も高まっていた。うたごえ運動でも、両者は密接に結びつけられている。たとえば、前述の三池炭坑三川坑ホッパー前で開催されたうたごえの祭典は、「安保粉砕国会解散三池共斗　三池のうたごえ」という名前が付けられており、安保闘争と三池闘争がセットになって運動が展開されていたことがわかる。

うたごえ運動では、すでに一九五九年の「日本のうたごえ」祭典を「戦争準備の安保体制反対を基調に」開催しようと準備が進められていた。[23]三池闘争と同じ時期にこの安保闘争が展開されたことで、それらを関連させ、うたごえ運動を行うエネルギーへと向けていく動きが高まっていた。前述の《どんと来い》でも二番では「あっちこっち　基地のあっとに　独立平和ちゃおかしかばい／共同防衛　海外派兵で　ミサイル　水爆　おだぶったい」という掛け声の後、次のように歌われる。

みんな集まれ　腕を組め
労働者も農民たちも　中小企業もインテリも
安保条約　うち破ろう（オー）
　どんと来い　うち破ろう
　どんと来い　見せてやろう
闘う仲間の　団結を（ソレ）　団結を（オー）

ここからは、三池闘争に勝ち、その勢いで安保闘争にも向かっていこうという姿勢が見て取れる。[24]このように、一九五九年から六〇年にかけて、社会運動の高揚とともにそれにコミットする形でうたごえ運動は展開していった。「政治の季節」に合わせるかのように、運動の方針は一九五〇年代半ばから再転換をし、むしろその方向性を強めていった。それぞれの運動に参加することで人々は意識を高揚させ、またそれぞれの社会運動も合唱を通じて団結していくことになる。ただしそれは、その後次第にほころびを見せていく。

二　うたごえ運動の分裂

安保闘争は総評に結集する労働組合を中心に、大学生や一般の市民を巻き込んで展開された大衆的な運動であり、そのなかでうたごえ運動も大きな役割を果たした。安保改定阻止という目的は果たせなかったものの、一九六〇年六月二三日に岸内閣の退陣表明という成果をあげた。ところが、その後継として誕生した池田勇人内閣が「低姿勢」「寛容と忍耐」をキャッチフレーズにしてその政策を転換させたことで、日本社会は「政治の季節」から「経済の季節」へと急速に変化していき、これまでの社会運動の成果も大きく変容することになる。

とはいえ、池田内閣はまず、三池闘争に対しては反共の立場から強い意思で解決に乗り出していた。石田博英労働大臣が奔走し、同年一一月には中央労働委員会の斡旋案に労使双方が合意する。それは、長期間にわたった闘争に対して限界に達していた労働組合が実質的に敗北を認めるような内容で、これによって三池闘争に終止符が打たれた。こうして、うたごえ運動が高揚する要因ともなった安保闘争・三池闘争という二つの社会運動が一九六〇年に一挙になくなったのである。

そして、池田内閣による経済成長を優先させる政策は、労働運動や労働組合そのものの転換をうながしていく。総評は合理化絶対反対の姿勢を改め、労働者の生活の改善や賃上げを中心とする経済的欲求運動を行っていくようになった。賃金闘争としての春闘に傾注し、それが中央レベルでの交渉を重視する方向に向かっていく。こうした経済的交渉によって、労使関係は安定化していく。総評は一九六〇年代初頭までに見られた政治闘争から経済闘争へと方針を転換していったが、これによって労働者たちも組合は春闘によって賃金闘争を展開する存在であるとの認識に変化していった。

政党側もこうした総評のある種の現実路線に呼応する形で変化をしていく。社会党は江田三郎書記長による構造改革路線が主流となり、内部対立はありつつも、それまでの階級闘争を繰り返す方針から資本主義体制のなかでの変革を担うソフトな改革政党へとシフトしていった。一方で、共産党は一九五〇年代後半からすでに内部対立が生じていたが、一九六〇年の中ソ対立の顕在化とともに党内では中国寄りの姿勢が強まったため、共産党を離れたり除名されたりする人々が相次いだ。社会党のソフト路線とは真逆の方向性を強めていったのである。そして、一九五〇年代に総評とともに労働運動をリードしてきた社会党・共産党が対立していく。一九六三年の第九回原水爆禁止世界大会、翌年の春闘で対立を深めた両党は、社会党・総評系と共産党系に対立・分裂することになり、共闘が困難な状況に陥っていく。それまで社会運動を支援していた政党がこうした状況に陥ったことは、社会運動の変容を迫ることともなった。(25)

総評との関係性を強めながら一九五〇年代後半の運動を展開していたうたごえ運動側にとっては、こうした状況はあまり好ましくないものであったと思われる。安保闘争の経験から、うたごえ運動では一九六一年も「安保廃棄のうたごえを更に高め、日本を平和のとりでに築こう（マ）（マ）」と決議され、翌年以降もその路線を継続しようとしていた。(26)労働組合を中心にして、職場にうたごえ合唱団を結成し、さらに運動を広げようとしていたのである。しかし、労働組合や職場環境、労働者の労働組合意識や労働運動観は一九六〇年代前半に大きく転換したことは前述のとおりである。うたごえ運動はそれに付いていけなかった。

そうした状況を克明に記したのが、全日通労働組合青年部長であった前田孝之が一九六四年に記した「うたごえ運動と労働組合」という文章である[27]。このなかで前田は、うたごえ運動と労働運動・労働組合は「切り離せない重要な関係」と評価しつつ、最近になって「するどい対立」が見られるようになったと述べる。その理由はなぜか。前田は主に二つの理由を述べている。第一に、うたごえ運動に代わる他の組織の存在である。この点は後述したい。そして第二に、うたごえ運動が次第に「特定の平和勢力と結びついた」ものとなって「一つのセクトとなり、うたごえ運動本来のありかたからはずれ」たというのである。具体的にいえば、「現在の運動の方向は、日本共産党・民青の路線を追求しているといわれてもしかたないかたちですすめられている」と前田は主張した。そして、「偏向している」とまで言い切った。彼は、うたごえ運動がそれまでの闘争路線を継続していることに、労働組合に参加する人々との乖離を読み取ったのである。そして前田は、こうしたうたごえ運動の姿勢では「連帯性の回復を求める労働者の真の文化運動とはなりえないのではないだろうか」と疑問を呈した。前田はうたごえ運動がこの時期に展開していた方向性を、むしろ関鑑子がうたごえ運動を始めた当初に求めていた「音楽運動は国民以外、音楽以外のどの団体にも属すべきでない」という姿勢とも異なるものだと述べ、原点への回帰を求めた。労働組合の立場から、特定の政治集団、具体的には共産党に傾倒していくうたごえ運動の方向性を批判した文章であった。うたごえ運動自体、前述のように共産党の影響下で開始されたものであったが、一九五〇年代の経験を経て、労働者全体の活動であるべきとの認識が前田のように人々に定着していたのである。

また、前田が第一点目に言及していた点も、うたごえ運動には大きな影響を与えた。一九六五年一一月、総評系の労働組合の一部が中心となって、日本音楽協議会[28]（日音協）を結成し、独自の音楽運動を展開し始めたのである。そしてその方針や活動はうたごえ運動に酷似したもので、それは共産党との関係性を強めていくうたごえ運動に対する労働組合側からの反発であった。さらに、前述した作曲家で指揮者の芥川也寸志の存在があった。芥川は一九五〇年代後半、うたごえ運動に理解を示しつつもその方向性について意見を展開していたが、一九六〇年代に入ると彼がもう一つ関係性を有していた勤労者音楽協議会（労音）で大きな問題が起こった。[29] 東京労音に所属していたアマチュアオーケストラである東京労音新交響楽団は芥川の指導を受けていたが、一九六四年ごろになると労音から「勤労者としての政治意識が低すぎる」との批判を受けるとともに、指揮者の芥川を辞めさせようとする動きも労音から出てくるようになった。こうした動向に対して団員からは「東京労音のめざす革命的政治路線にはついていけない。音楽を一党一派の政治路線に奉仕させることはごめんだ」という意見が出、最終的には芥川とともに新交響楽団が独立するという事態に至った。芥川自身、東京労音の路線を「共産党の文化活動路線の先兵なのだ」と厳しく批判している。[30] これは先に前田が記していた労働組合とうたごえ運動の状況に通底していた。池田内閣成立後の状況のなかで、共産党は先鋭化していきそれにうたごえ運動や労音が付いていくことで、社会党・総評の立場にいた人々は離れざるを得なくなった。そして、大きな問題となったのが、分裂先の日本音楽協議会の会長はこの芥川だったことである。

作曲家の林光も、労働者音楽文化圏の形成を理想とし、それゆえに現実のうたごえ運動や労音について次のように批判する。

> 特定の政党の路線への盲従、安易な政治主義とそのうらがえしの大衆追随に終始するところに、そのような夢が実現するはずはない。[31]

こうした芥川や林らによる行動や意見ゆえ、うたごえ運動側も日本音楽協議会の活動に対して、うたごえ運動を「妨害」するものであり、「反共分裂主義の拠点に」なっているとの反論を加えた。[32] そして共産党文化部も音楽分野に関する党の方針を確認し、安保闘争などで高揚したうたごえ運動を分裂させる動きがあったと芥川らの動きを非難し、創作曲運動をより一層広く多様に展開すること、うたごえ運動の基盤を職場や地域での文化サークル活動に根ざして行うことなどを決定している。[33]総評の路線変更やそれにともなう運動の分裂という点から、共産党との関係性を強めることは否定できないものの、うたごえ運動の方針を再転換の方向性からやや戻すような理論を前面に打ち出す必要があったのではないだろうか。地域での文化サークル活動としてのうたごえ運動という側面は、政治性を強く打ち出していた一九六〇年前後よりも前の形であった。

これが示された共産党中央委員会を発行元とする『文化評論』の同号には、「うたごえ運動の成果と展望」という特集が組まれている。そのなかで運動の指導者の一人であった井上頼豊は、闘争におけるうたごえ運動の力を高く評価しつつ、そのなかでの創作曲の重要性を強く説いた。また、同じく関忠亮もうたごえ運動における創作曲を「創造的実践活動」と述べ、今後の活動の柱にすべきと主張した。[34]芥川らによる政治性批判には正面から対応はしないものの、分裂の余波に応えざるを得なくなったため、より参加者に根ざした創作曲というたごえ運動のあり方を強調したのではなかろうか。

三　沖縄への注目

それでは、分裂後のうたごえ運動はいかなる展開をしていったのか。本章では、うたごえ運動が沖縄に注目し、それを自らの活動の柱の一つに据えたことで運動のあり方を規定していったことを明らかにしていきたい。

とはいえ、うたごえ運動が沖縄に注目するようになったのは、分裂後からではない。すでに一九五六年ごろから、うたごえ運動では沖縄とのかかわりが出始めている。この年の六月、沖縄では軍用地の土地収用や地代支払いをめぐって島ぐるみ闘争が起きた。[35]その運動の際、沖縄の人々は《海ゆかば》（信時潔作曲）を「海行けど、魚も取れず、山行けど、たきぎも取れず、ああ沖縄の海山にひびくオネストジョン」という替え歌にして歌ったことが、『うたごえ新聞』に「沖縄は日本のものだ！」とのタイトルが付されて掲載された[36]。この記事では、大阪の沖縄青年会会長が作詩した「こらえしのんだ十年の／わが沖縄よ今ぞ立て／プライス勧告粉砕し／われらの土地を守りぬく」という歌詞が、メーデー歌である《聞け万国の労働者》の節で、うたごえ合唱団の一つである関西合唱団の先導で関西において歌われたことも記されており、本土のうたごえ運動が沖縄の置かれた状況に注視して活動していることも紹介されている。

また、その年の第二回原水爆禁止世界大会には沖縄代表も参加し、うたごえ運動との交流も図られた。そして中央合唱団には沖縄対策委員会が結成され、沖縄には古波蔵保吉らによってうたごえセンターも作られ、島ぐるみ闘争の際に参加者を鼓舞するものとして、または参加者自身が自らの気分を高揚させるものとして、合唱が行われていく。九月に大分市で開催された第四回「九州のうたごえ」祭典では、沖縄のうたごえ関係者も参加し、『うたごえ新聞』はこれを「沖縄を守る九州のうたごえひらく」との見出しを掲げて報じた[37]。そしてここで、「我等は叫ぶ沖縄よ　我等のものだ沖縄は」という歌詞を含んだ《沖縄を返せ》という曲が発表され、その時に実施された創作コンクールで第一位となる[38]。これは全司法福岡高裁支部が創作した歌であったが、曲調が暗かったことなどから、荒木栄が行進曲のように気分が高揚するような闘争的な曲調に改作をする。そしてこの年の「日本のうたごえ」祭典などでも歌われ、この《沖縄を返せ》は急速に広がっていった。前述したように、勤評闘争から王子製紙争議、警職法反対運動へとつながる「政治の季節」であったこの時期、うたごえ運動は沖縄の島ぐるみ闘争もその一環としてとらえ、それを支援する動きを見せた。そうした状況を踏まえ、沖縄へもうたごえ運動が広がっていったのである。

そして一九六〇年代、うたごえ運動は沖縄へのコミットをより強化していく。前述した沖縄のうたごえセンターを中心として沖縄でもうたごえ運動が展開され、地域や職場のうたごえ合唱団にオルグを派遣するまでに至っていた[39]。

年末には一九五七年から那覇の波上宮広場などで「暁の大合唱」というイベントを開催、それは一九六二年からは民青と共催することで大規模化しており[40]、本土のうたごえ運動と同様に共産党との緊密化を図るようになっていた。ここでは、「沖縄の祖国復帰」が大きく掲げられ、アメリカ軍基地からの解放が強く求められた。そしてうたごえ運動自体が、本土や沖縄で「沖縄返還大行進」を実施するなど、社会運動として沖縄返還を強く求めるようになっていった。

一九六四年一〇月一八日には本土の代表団を迎えて第三回「沖縄のうたごえ」祭典が開催されることとなり、沖縄では各職場や地域などでうたう会が結成され、うたごえ運動がより広がっていく[41]。そのなかではやはり、「何よりも祖国復帰」がスローガンとして強く押し出された。「植民地文化に反対し、民族の魂をよびさますうたごえをとりもどし」とも述べられたが、それは沖縄がまさにアメリカの植民地のように取り扱われていることへの人々の実体験から出てきたものであったと思われる。うたごえ運動は運動開始当初から、共産党の影響を受けて民族という概念を強調してきた[42]が、沖縄の置かれた状況はそうした民族という概念を強く想起させた。だからこそ、うたごえ運動とは親和性があったのである。

この時期、沖縄ではキャラウェイ旋風と呼ばれる厳しい直接統治を経験するなかで、人々は本土への心理的距離を次第に縮めていった[43]。そうした状況下で、本土のうたごえ代表団が「沖縄のうたごえ」祭典に関する準備を一緒に行うことで、沖縄側からも「本土との連帯なしに斗いの勝利はない」と、本土との関係性を強く図ろうとする動きがより高まった。それとともに、本土のうたごえ運動側も「日本は一つ　うたごえは一つ」と『うたごえ新聞』が報じるように、沖縄の思いにより耳を傾ける必要性を感じていったのである[44]。

その後、沖縄の代表団や本土の沖縄出身者が組織されて「日本のうたごえ」祭典に初めて参加する[45]など、うたごえ運動における沖縄の位置づけはより高まっていく。一九六四年一一月には沖縄返還を重要政策に掲げた佐藤栄作が総理大臣に就任、翌年に沖縄訪問するなど、本土においても沖縄においても沖縄返還に関する注目度はあがっていた。だからこそ、三池闘争・安保闘争と大きな社会運動がなくなり、分裂していたうたごえ運動が新たに積極的にかかわる社会運動として、沖縄が選択された。そして『うたごえ新聞』では、沖縄に関する記事が一九六五年ごろよりかなり大きく掲載されるようになる。たとえば、沖縄の文化情勢に触れた記事や米軍の演習の際に小学生が圧死した隆子ちゃん事件について沖縄青年合唱団がレポートした記事などである。(46) こうした記事によって、本土のうたごえ運動に参加していた人々は、沖縄の状況をより知ることになる。

そして、うたごえ運動において沖縄への取り組みのなかで象徴的に歌われたのが、第三回「沖縄のうたごえ」祭典でも合唱された荒木栄の《沖縄を返せ》であった。荒木自身は一九六二年に若くして亡くなっていたが、この一九六五年ごろから改めて《沖縄を返せ》が掘り起こされ、その意味が運動のなかで問われていく。その後、単曲としてではなく組曲としてこの曲を合唱し、沖縄の問題を直視して沖縄返還に取り組むうたごえ運動の象徴にしようとする動きが出、組曲化が目指された。その際には全国から詩が募集され、沖縄側のうたごえ運動の声を参考にしながら創作会議でブラッシュアップが図られていく。(47) その様子も『うたごえ新聞』には掲載された。(48) ここでは、投稿されてきた詩とそれを書いた思い、そして会議側でどのようにその詩を読み、添削して完成させたのかが記事にされるなど、創作曲を作るまでのプロセスが明確化されている。これが、分裂後のうたごえ運動が目指した方向性の一つとなった。社会運動にコミットしつつ、全国からの声を吸いあげ、人々が自主的に全体として参画するような形で、うたごえ運動を高揚させようとするものである。全国の人々を巻き込んで、主体性を持たせながら取り組むことで、共産党との結びつきを強化して上から方針が与えられた運動であるとの批判に対応しようとしたのである。それは、うたごえ運動の原点にも立ち返るような動きでもあった。

そして、六章構成の大合唱曲《返せ沖縄》の詩がまず完成する。序章や第六章最後で荒木のメロディーをそのまま使うこと、章と章の間奏に沖縄の民謡や歌を入れることなどが決められたが、そこからさらに曲を募集し、最終的には全国から労働者・創作活動家を含めて二五名以上、計五二曲（各章一曲として）の応募があった。それを関鑑子や井上頼豊らうたごえ運動の指導者や中央合唱団などの歌い手らが選び、さらにそれらのブラッシュアップが図られた(49)。なお、選ばれなかった応募曲についても、井上らによるコメントが『うたごえ新聞』に掲載されている。それによれば、「テーマに対しての積極的な態度は高く評価」できること、「次の機会にはもっと多くの方の参加が望まれ」ることなどが書かれ、それぞれの曲に対しての評価が記された(50)。これによって、さらに多くの人々が創作曲に主体的に取り組むことをうたごえ運動側は期待していたと思われる。こうした《返せ沖縄》の取り組みについて、うたごえ運動側はこの年の創作活動の特徴と次年の課題をまとめるなかで次のように総括している。

中心合唱団自身の結集と活動の要求にこたえて、中心活動家を主体とした集団的創作（合作、連作）に一つの可能性と発展の展望が示された(51)。

ここで言われる「中心合唱団」とは、関西合唱団や名古屋青年合唱団など、各地域において中心的な役割を果たしていたうたごえ合唱団のことである。それらを核としながら、曲の創作が行われていくことに、彼らは運動の「可能性と発展の展望」を見た。それは、うたごえ合唱団に参加する人々が主体的に社会運動に参加する形態であり、東京からの上意下達の方式ではないと考えていたのであろう。創作の過程で「今まで沖縄のことを知っているつもりでいたが、話をきき……手紙などをよむ中で沖縄の現状、たたかいの様子などをしらないことばかりの感じがつよく(52)」と、《返せ沖縄》の第四楽章を作曲した大西進が述べたように、創作は本土の人々が沖縄の現状をより知る契機となった。このように、参加する人々の主体性を喚起する手段として、創作曲があった。

大合唱曲《返せ沖縄》はその後も、沖縄で数多く合唱された。一九六六年五月には第五回「沖縄のうたごえ」祭典が開催され、本土からもうたごえ合唱団が派遣され、沖縄の各地でこの大合唱曲《返せ沖縄》が歌われた。[53]こうした状況を受け、一九六七年三月にはうたごえ運動として「〝沖縄返せ〟のたたかいの歌を全国創作統一行動」として取り組むこと、そして日本のうたごえ創作班を沖縄へ送ることを決定する。[54]これは大合唱曲《返せ沖縄》をより発展させる方向性で考えられた。この年のうたごえ運動の方針として、それぞれの合唱団による創作が強く求められており、その象徴として沖縄への取り組みが展開されたのである。創作班は四月に沖縄へ入り、沖縄における社会運動を支援しつつ、創作講習会も開催され、各地でうたごえ合唱団の人々などと交流を図った。[55]そこで、沖縄民謡について学んだほか、ストを実施していたバヤリースではオルグと沖縄のうたごえ合唱団である沖縄青年合唱団が共同して曲を創作、その場で合唱することもあった。

また、沖縄において教育関係者の政治活動をめぐって制定されようとしていた教公二法[56]に反対する教員の集団とも、日本のうたごえ創作班は共同して創作活動を展開した。それに参加したうたごえ運動側の作曲家である木下そんきは、そこでは単に本土のうたごえ運動が創作活動を教えるのではなく、教員の集団との共同によって沖縄の現状を知ること、沖縄の人々の思いを知ることができたと強調し、彼らの「うたごえをうけとめ、私達と心を結び合う大きな武器の一つとなった」と述べた。[57]そして木下らうたごえ創作班はこの時、沖縄各地で民謡を採譜するとともに、こうした沖縄の思いを創作曲として作り、多くの人々が合唱をしてより広めていくことを思いつく。

その後、うたごえ運動は、オペラ《沖縄》の制作を決定する。[58]《沖縄を返せ》や大合唱曲《返せ沖縄》などの曲を創作してきたほか、オルグを沖縄へ派遣するなど、うたごえ運動は沖縄の「祖国復帰」を願う人々を支援してきたとの自負が彼らにはあった。自分たちの活動が「沖縄県民を大きくはげまし、勇気づけていい」るとの認識である。そこで、沖縄へ実際に行った木下そんきが、沖縄の「たたかいを是非全国にひろめたい。この内容は立派な歌劇になる[59]」

と提起し、オペラ制作が実現した。そしてこれが次に述べるような形で展開されたことが、うたごえ運動に大きな意味を持たせた。

オペラ〝沖縄〟は限られた一部の創作活動家だけでつくられるものではありません。一人でも多くの人たちが参加することによってつくり出すものです。一行の詩、一つの言葉、一小節の作曲、そしてできたものをみんなでうたい、意見を出しあうなど、一人でも多くの仲間を組織することが大切です。

このように、うたごえ運動全体の創作としてこれに取り組もうとする意思を前面に出したのである。それは、分裂後のうたごえ運動のなかで、創作曲によってより参加者に根ざした活動を展開してきたという経験があったからだろう。沖縄復帰という社会運動とうたごえ合唱団が主体的に活動に取り組む結節点として、オペラ《沖縄》が構想されたのである。

このオペラ《沖縄》は制作委員会が作られ、まずプロローグ脚本がまとめられて作曲が募集された。「全国の皆さんからの脚本に対する御意見・感想、更に作曲応募の多い事を期待します」[60]と書かれたように、「みんなでつくろう」との意識が強く押し出された。この脚本は『うたごえ新聞』で連載されるなど、これまで以上にその制作過程も明らかにされていく。作曲された曲についても、「創られた作品については、完成作品のみをうたうだけではなく、職場、地域サークルでできたものは、どんなものでも、うたいあって作曲者をはげまし、オペラ制作運動を全国に広げていく武器にしていこう」[61]と決められたように、完成までのプロセスを全体で共有することこそ重要視された。

その後、オペラ《沖縄》から歌劇《沖縄》へと名称が変化し、プロローグが一九六七年の「日本のうたごえ」祭典で発表された。そして各地に制作委員会が発足（沖縄でも一九六八年二月に沖縄青年合唱団を中心に結成）し、台本の完成を目指して本土のグループと沖縄との共同で調査も実施された[62]。こうしたスタイルは、労働争議を支援するために現地に赴く経験の継続ではあるが、一方でただ単にそれを支援する形ではなく現地からも学び、むしろ現地との共同で一つの作品を作り出そうという点で新しさがあった。名古屋青年合唱団でこの歌劇《沖縄》の作曲に関係した林学は、「みんながぶつかっていかなくてはだめだ」と述べる[63]。うたごえ運動に参加している人々それぞれが主体的に自らの意見を出し合い、そして一つのものを作りあげる。それは、社会運動でありながら、サークル的な活動でもあった。うたごえ運動は一九六〇年代後半、こうした運動の方向性を歌劇《沖縄》の制作過程のなかで生み出していくことになる。各職場や地域にも歌劇《沖縄》に関する制作委員会を作り、また、それぞれのうたごえ合唱団で一部を演奏するなど、それを大きな運動として全国に展開させようとうたごえ運動側は考えた[64]。そして一九六九年、歌劇《沖縄》は完成し、「日本のうたごえ」祭典で初演された[65]。労働者たちの闘争を描き、合唱を中心としたオペラであり、まさにうたごえ運動らしい作品として制作されたものであった。

おわりに

歌劇《沖縄》はその後、一九七〇年四月から全国二三都市三二回の全国公演が行われた[66]。各地の公演ではそれぞれの地域のうたごえ合唱団が歌い手として参加しつつ、その公演を側面からも支援している。うたごえ運動を全国で展開するようなツールとして、歌劇《沖縄》が制作され、そして演奏されたのである。

一九五〇年代後半の「政治の季節」において、うたごえ運動はサークルとしての活動から再転換を図り、社会運動によりコミットする方向性へとシフトした。三池闘争や安保闘争など、大きな運動に積極的に関与し、合唱をして運動を高揚させた。そのなかではうたごえ運動を象徴するような曲も数多く作られた。しかし、一九六〇年代に入り、

「政治の季節」から「経済の季節」へと変化するなかで、うたごえ運動の方向性はその時代の風潮に沿わなくなっていく。そして、それまで協調して運動を展開していた総評の変化に付いていくことができず、結果として共産党への傾倒を強めていくことになる。しかしそれが、芥川也寸志らの批判を生み、運動は分裂を招くことになった。

その分裂後、運動の模索のなかで発見されたのが沖縄であった。そしてうたごえ運動はそれまで以上に沖縄問題に取り組むようになる。復帰運動という沖縄で高揚した社会運動を支援する形で展開されたが、現地へ行くことで沖縄の歴史や文化をより知り、それを本土に知らしめる必要性を感じることになる。そこで構想されたのが歌劇《沖縄》であった。歌劇《沖縄》は社会運動にコミットしつつ、全国各地のうたごえ合唱団の積極的参加をうながすイベントでもあった。またそれは、分裂後のうたごえ運動が方向性として打ち出していた、創作曲という点でも親和性のあるものであった。社会運動を強く意識しつつ、しかし上から与えられたものではなく参加者が主体性を持ちサークル的な活動を展開していく。一九六〇年代最後にうたごえ運動が行き着いた地点はそこであった。

歌劇《沖縄》をうたごえ運動では「『70年型の活動』を切りひらく」と評価している(67)。そして一九七二年、第二次の全国公演が行われた。うたごえ運動としては、この方向性でその後も運動を展開しようとしていたのではないか。しかし、この年の五月一五日、沖縄が本土へと復帰する。それによって、歌劇《沖縄》が訴えかけていた現実が変化したともいえる。また、一九七三年五月にはうたごえ運動の創設者であった関鑑子が死去し、カリスマ的な指導者を失うことになった。運動のさらなる転換が求められる状況となったのである。

さらに、高度経済成長にともなって、人々の可処分所得は増え、個々の趣味が多様化するようになる。それゆえ、みんなで一緒に同じ歌を合唱するという時代からも変化していく。これらを踏まえて、うたごえ運動は一九七〇年代になると再び変化を余儀なくされることになる。その点の解明は今後の課題としたい。

注

（1）以下、特に注記がない場合は、河西秀哉『うたごえの戦後史』（人文書院、二〇一六年、第三章）、同「1950年代うたごえ運動論」（『大原社会問題研究所雑誌』第七〇七・七〇八号、二〇一七年）をまとめた。
（2）高岡裕之「敗戦直後の文化状況と文化運動」（『年報日本現代史』第二号、一九九六年、一八二―一八六頁）、赤澤史朗「戦中・戦後文化論」（朝尾直弘ほか編『岩波講座　日本通史　一九』岩波書店、一九九五年、のちに赤澤『戦中・戦後文化論』法律文化社、二〇二〇年所収、二九七―二九九頁）。
（3）たとえば、高野実「歌声を町の中へ職場の中へ」（『音楽運動』一九五四年第二号、道場親信・河西秀哉編『「うたごえ」運動資料集』第一巻、金沢文圃閣、二〇一六年、一四四―一四五頁）など。
（4）三宅明正「労働運動・市民運動」（朝尾直弘ほか編『岩波講座　日本通史　第二〇巻』岩波書店、一九九五年、一一九―一二二頁）。
（5）「日本のうたごえ祭典　一九五六年　パンフレット」（道場・河西編『「うたごえ」運動資料集』第三巻、金沢文圃閣、二〇一六年、一四一―一四五頁）。
（6）「日本のうたごえ祭典　一九五七年　パンフレット」（前掲『「うたごえ」運動資料集』第三巻、一七七―一七九頁）。
（7）『毎日新聞』一九五八年一二月一二日。
（8）同前。
（9）『うたごえ新聞』一九五八年三月一〇日（道場・河西編『「うたごえ」運動資料集』第二巻、金沢文圃閣、二〇一六年、一八七―一九一頁）。
（10）『うたごえ新聞』一九五八年一〇月一日（前掲『「うたごえ」運動資料集』第二巻、二〇八頁）など。
（11）岸伸子「王子争議をうたごえ運動とともに」（『女性史研究ほっかいどう』第三号、二〇〇八年、二九―三〇頁）。労働争議が終了した後も、「王子うたごえ班」が結成され、労働組合のなかにうたごえ運動が広がっていたという（『うたごえ新聞』一九五九年三月一日、前掲『「うたごえ」運動資料集』第二巻、二二八頁）。
（12）『うたごえ新聞』一九五八年一〇月一五日（前掲『「うたごえ」運動資料集』第二巻、二〇九頁）。

(13) 以上、松尾尊兊『日本の歴史㉑ 国際国家への出発』(集英社、一九九三年、二三九―二四〇頁)、三宅前掲「労働運動・市民運動」(一二五―一二六頁)を参照した。
(14) 荒木については、長木誠司『戦後の音楽』(作品社、二〇一〇年、一一一―一二〇頁)を参照。
(15) 水溜真由美「一九五〇年代における炭鉱労働者のうたごえ運動」(『北海道大学文学研究科紀要』第一二六号、二〇〇八年、六七―六八頁)。
(16) 『うたごえ新聞』一九五九年一〇月二一日(前掲『うたごえ』運動資料集』第二巻、二五六頁)。
(17) 『うたごえ新聞』一九六〇年四月一日、四月一一日(前掲『うたごえ』運動資料集』第二巻、二七七・二七九頁)。
(18) 檀上佐和枝「〝闘いはこれから〟」(井上頼豊編『うたごえよ翼ひろげて』新日本出版社、一九七八年、七六―八一頁)。
(19) 荒木が作詩・作曲した《燃やせ闘魂》《三池の主婦の子守歌》などが、三池闘争のシンボルのような曲になっていったという(水溜前掲「一九五〇年代における炭鉱労働者のうたごえ運動」八〇頁)。
(20) 「三池のうたごえ」(道場・河西編『うたごえ』運動資料集』第六巻、金沢文圃閣、二〇一七年、二三五―二三八頁)。ホッパーとは石炭・砂利などの貯蔵槽のこと。
(21) 「九州のうたごえ祭典」(前掲『うたごえ』運動資料集』第六巻、一二五―一四四頁)。
(22) 「三池の火―第2回―西日本のうたごえ参加報告」(前掲『うたごえ』運動資料集』第六巻、一六四―一六五頁)。
(23) 『うたごえ新聞』一九五九年一〇月一一日(前掲『うたごえ』運動資料集』第二巻、二五三頁)。
(24) 一九六〇年には、うたごえ運動側は「安保反対うたごえ統一行動」として、メーデーに《どんとこい》を合唱することを提案しており、そうした点からも三池闘争で歌われたこの歌が安保闘争まで含めて象徴的に合唱されたことがわかる(『うたごえ新聞』一九六〇年三月二一日、前掲『うたごえ』運動資料集』第二巻、二七五頁)。
(25) 以上、松尾前掲『日本の歴史㉑ 国際国家への出発』(二五〇―二五九頁)、三宅前掲「労働運動・市民運動」(一三二―一三七頁)などを参照した。
(26) 今藤勝成「うたごえ運動と中央合唱団」(『文化評論』第四号、一九六二年、四六頁)。

(27) 前田孝之「うたごえ運動と労働組合」(『月間労働問題』第七八号、一九六四年、四五―四八頁)。
(28) 長木前掲『戦後の音楽』一一〇頁。なお、一九六三年には創価学会が「純粋な音楽」をスローガンに民主音楽協会(民音)という聴衆組織を発足させている(前田前掲「うたごえ運動と労働組合」四五頁)。池田内閣成立後の政策によって、都市に流入した労働者は臨時工・中小企業への就職が多かったため、従来の労働組合が吸収し得ず、創価学会=公明党がそれを包摂していたゆえ、これも労働者の音楽運動の受け皿になったと考えられる。
(29) 以下、『読売新聞』一九六六年三月一六日夕刊、長木前掲『戦後の音楽』一一〇―一一一頁。
(30) 労音が一九六〇年代前半、安保闘争を契機に政治性を強めていく点については、高岡裕之「高度成長と文化運動」(大門正克ほか編『高度成長の時代3 成長と冷戦への問い』大月書店、二〇一一年、三三〇―三三七頁)を参照。
(31) 林光「〈労音〉〈うたごえ〉をこえるもの」(『新日本文学』第二二巻第六号、一九六七年、一五六―一六〇頁)。林は労働者音楽文化圏の形成のためには、「音楽の《全体性》を確実にくりかえして行くサークルを組織すること」、そのサークルが「他ジャンルのサークルと、芸術的にも政治的にも同一の水準において連帯を組織して行くこと」を主張している。共産党への追随ではないサークル活動の重要性を説いたのである。
(32) 野村三吉「うたごえ運動の分裂を許すな」(『文化評論』第五六号、一九六六年、四五―四九頁)。
(33) 野村三吉「民族的民主主義的音楽運動発展のために」(『文化評論』第四一号、一九六五年、一一―一六頁)。野村はここで、こうしたうたごえ運動の活動を展開するためにも、共産党が積極的に音楽理論を構築するとともに、細胞などによってうたごえ運動にコミットすることを求めている。一方、分裂した側からは、「日共の誤りを誤りと指摘」しなければ労働者に被害が与えられる(「"春闘勝利のうたごえ"の意義」『月刊社会党』第九六号、一九六五年、一二一―一二四頁)とし、労働者の文化創造としてのうたごえを新しく展開する必要性が強調された(漆崎達郎「新しいうたごえ結成の意義と展望」『月刊社会党』第九七号、一九六五年、一四四―一四九頁)。
(34) 井上頼豊「うたごえの十六年」(前掲『文化評論』第四一号、一七―一二三頁)、関忠亮「日本のうたごえ・創作活動への期待」(同、一二三―一二九頁)。
(35) 櫻澤誠『沖縄現代史』(中公新書、二〇一五年、五七―五九頁)。

(36)『うたごえ新聞』一九五六年七月一〇日（前掲『「うたごえ」運動資料集』第二巻、九七頁）。
(37)『うたごえ新聞』一九五六年九月三〇日（前掲『「うたごえ」運動資料集』第二巻、一一三頁）。
(38)この《沖縄を返せ》については、栫大也「《沖縄を返せ》のプラティーク」（『琉球沖縄歴史』第二号、二〇二〇年、四七―九一頁）が詳しい。長木前掲『戦後の音楽』は、《沖縄を返せ》が受賞したのはここに参加した「沖縄代表団を鼓舞するという意図は明白」と述べる（一二二頁）。沖縄を重要視するうたごえ運動側の意図があった。
(39)『うたごえ新聞』一九六一年五月一日。
(40)『うたごえ新聞』一九六三年一月一五日。こうした状況ゆえ、次第にアメリカ軍は沖縄におけるうたごえ運動に対して、関係者の本土・沖縄間の渡航を認めないなど、本土との交流を絶とうとした。しかし逆にこれが沖縄のうたごえ運動関係者を刺激した（古波蔵保吉「高なれ　うたごえ　沖縄の勝利めざして」謝名元慶福・嶋津与志編『沖縄・この武器なき闘い』日本青年出版社、一九七二年、一六三―一七二頁）。
(41)『うたごえ新聞』一九六四年九月一五日・一〇月一五日。
(42)河西前掲『うたごえの戦後史』九五―九六頁。
(43)櫻澤前掲『沖縄現代史』九七―一一九頁。
(44)『うたごえ新聞』一九六四年一一月一日。この後、楽器の少ない沖縄へアコーディオンを贈るためのカンパが進んだという（『うたごえ新聞』一九六四年一一月一五日）。
(45)桑山守「日本はひとつ・うたごえはひとつ」（前掲『文化評論』第四一号、一二九―一三四頁）。
(46)『うたごえ新聞』一九六五年四月一五日・八月一〇日。
(47)神谷国善「組曲〝沖縄を返せ〟の完成をめざして」（『音楽』第五号、一九六五年、五四―五五頁）。当初の名称は組曲《沖縄を返せ》とされていたが、次第に組曲《返せ沖縄》、そして大合唱曲《返せ沖縄》へと変わった。おそらく、荒木の《沖縄を返せ》との混同を避けようとしたのだろう。
(48)『うたごえ新聞』一九六五年八月一〇日など。
(49)『うたごえ新聞』一九六五年一一月一〇日。

(50)『うたごえ新聞』一九六六年二月一〇日・四月三〇日。
(51)『うたごえ新聞』一九六六年二月一〇日。
(52)『うたごえ新聞』一九六六年一〇月二〇日。
(53)『うたごえ新聞』一九六六年五月一日・六月一五日。神谷国善「日本のうたごえ沖縄公演から」(『文化評論』第六〇号、一九六六年、一〇九―一一一頁)。
(54)『うたごえ新聞』一九六七年三月一〇日。
(55)以下、『うたごえ新聞』一九六七年四月二〇日・五月一日・五月二〇日・六月一日。
(56)教公二法やそれをめぐるその後の動きに関しては、櫻澤誠『沖縄の復帰運動と保革対立』(有志舎、二〇一二年、一六六―二五一頁)を参照のこと。
(57)『うたごえ新聞』一九六七年七月二〇日。
(58)以下、特に注記がない場合は『うたごえ新聞』一九六七年九月一〇日。
(59)守屋博之「うたごえ運動における演奏・教育について」(前掲『うたごえよ翼ひろげて』一六三頁)。関鑑子など、うたごえ運動では当初からオペラを制作したいという意思は持っていたようである(長木前掲『戦後の音楽』一一七頁)。
(60)『うたごえ新聞』一九六七年九月二〇日。
(61)『うたごえ運動』一九六七年一〇月一日。
(62)『うたごえ運動』一九六八年二月二〇日。
(63)『うたごえ新聞』一九六九年一月一〇日。
(64)『うたごえ新聞』一九六八年八月一日・一一月二〇日など。
(65)『うたごえ新聞』一九六九年一二月一日。
(66)『うたごえ新聞』一九七〇年三月二〇日。
(67)『うたごえ新聞』一九七〇年五月二〇日。

Ⅲ　雇用形態と階層差を超えた女性労働運動
――日教組婦人部の出産後の継続就労要求運動に着目して――

跡部　千慧

はじめに

本稿の目的は、一九五〇年代から一九六〇年代の女性教員運動に着目しながら、雇用形態と階層差を超えた女性労働運動を描出することにある。一九六〇年代の運動というと、「一九六八年」に代表される学生運動が着目されがちである。そして、一九六〇年代学生運動に参加する中で女性たちが抱いた違和感や批判、挫折が、一九七〇年代以降、ウーマン・リブ運動への女性たちの参加と拡大につながったとあとづけられてきた。(1)

一方、本稿において焦点化する女性教員運動をはじめとする戦後の婦人部が主体となった運動は、一九七〇年代以降、男女の差異を前提に据え、母性保護を強調したことによって、結果的に、男女平等を阻害してきたと批判されてきた。(2)だが、筆者は、次の理由から、日本教職員組合（以下　日教組）婦人部（現　女性部）の産休代替および、育児休業法制化運動に着目し、その歴史過程を解明してきた。(3)(4)(5)すなわち、筆者は、小中学校の女性教員を、日本において「主婦化」が進行する時代に高学歴でありながらも、「主婦化」とは異なる出産後も継続的に就労してきた労働者群と捉える。女性教員の戦後労働史を捉える上で重要なのは、労働運動を基盤としながら、産前産後休暇（以下、産休）保障や育児休業といった制度的条件を切り拓いてきたことである。一九九〇年代以降の高学歴既婚女性の労働力化という日本の政策的課題を踏まえれば、戦後、高学歴女性が「主婦化」を担った時代において、先駆的に出産後の継続就労を達成してきた女性教員は、現代においても、注目に値する女性労働者群といえる。以上の問題関心から、筆者は、これまで労働史研究からも、ジェンダー研究からも周辺化されてきた日教組婦人部の運動を、第一次資料を用いて再構成し、雇用形態や階層差を超えた運動を組織しながら、現代の育児と仕事の両立支援につながる制度を実現してきた過程を解明してきた。

本稿では、これまで筆者が捉えてきた日教組婦人部の産休代替および育児休業の法制化運動においてみられた雇用形態と階層差を超えた女性労働運動を、一九六〇年代を基軸に、その前後の一九五〇年代や一九七〇年代との連続性に着目しながら分析していく。その上で、一九七〇年代以降のウーマン・リブ運動や、一九六〇年代学生運動論との接続を展望する。

一　女性教員を焦点化する意義

一九六〇年代の女性教員運動を取り上げるにあたり、まず、戦後女性労働史における女性教員の位置づけを確認したい。筆者は、一九六〇年代を、小中学校における「教職の女性化」が進んだ時期と捉えている。ここでは、女性労働研究や女性教員研究の成果を踏まえながら、戦後の日教組婦人部の産休代替や育児休業の要求運動を焦点化する意義を整理する。(6)

二〇〇〇年代以降、ジェンダー視点から、日本の戦後労働史を再構成する研究潮流が出てきている。これらの研究の根底には、それ以前の女性労働研究が、女性の家事・育児役割を前提とし、その延長線上で雇用労働を捉える傾向が強かったことに対する批判意識がある。これを乗り越えるために、労働領域と家族領域を行き来せざるを得なかった女性の経験を重視し、実態調査を通じて双方の領域の関連性を浮かび上がらせるという方法論をとり、製造職の既婚女性の雇用慣行のあり方と関わる労働の実相を掘り起こした。(7)

この研究を通じて、主婦化規範が社会的に凌駕していく時代と捉えられてきた高度成長期は、階層差や地域差に着目すると、女性の雇用労働化の動きも存在し、既婚女性の労働エートスの調達の仕方は、地域労働市場と働き手の女性を媒介する家族の内的諸条件との絡み合いによって異なることが明らかにされている。(8)これらの研究においては、「主婦化」を担った民間企業のホワイトカラーと、結婚・出産後も就労継続した中高卒の現業労働者が対局的な層として位置づけられ、一九六〇年代は、「女性の雇用労働化と主婦化のせめぎ合い」として捉えられる。(9)

本稿が着目する女性教員職は、「主婦化」の担い手となった民間企業のホワイトカラーと類似する階層性を有すると考えられるが、「主婦化」とは異なる就労継続の道をたどった。(10)文部科学省「学校基本調査」によると、戦後、小中学校において、女性教員比率が下降するものの、一九六〇年代から女性教員比率が上昇し、小学校においては、一九六九（昭和四四）年に女性教員比率が五割を上回る。一九六九年に小学校の女性教員比率が五割を超えたことを契機に、一九七〇年代には、女性教員を対象とした研究が蓄積された。

女性教員が出産後の継続就労を達成した理由は、一九七〇年代の女性教員研究によって解明されてきた。この中で戦後の動向を論じた室俊司は、産休代替教員制度を女性教員の就労継続のメルクマールとした。室は教員職が最も女性の就労継続の上での「身分が安定している」と述べ、その理由に男女同一賃金と産休の保障をあげた。(11)(12)

産休代替法の制定においては、日教組婦人部と母親との連帯を見過ごすわけにはいかない。小沢幸一・遠藤忠志や、桜井絹江は、一九五五（昭和三〇）年に産休代替法が成立した背景には、日教組婦人部と「母と女教師の会」（現 母と女性教職員の会）や日本母親大会とも連携し、その法制定に対する保護者の支持を取りつけた運動があったと述べる。[13]

さらに、産休代替教員制度に対しては、異なる問題点の指摘もある。一番ヶ瀬康子らは、産休代替教員制度がもたらした矛盾についても触れ、「現在、産休補助教員の身分の不利について（中略）議論が盛んになっており、本務教員の権利確保のために、新しい身分不安定なパートタイマー的な立場の人たちが増えていくことは、問題視されている」[14]と指摘した。だが、資史料的制約も手伝ってか、長年にわたって産休代替教員の実態が焦点化されることはなかった。二〇〇〇年代に、産休代替教員等の臨時的任用教員（以下、臨任教員）の実態解明を試みた井上いずみ・村松泰子が、臨任教員へのアンケート調査とインタビュー調査により、正規雇用と非正規雇用の格差の問題や、臨任教員には、正規教員を目指している若手教員と、子育て期のキャリアの中断を経た正規教員経験のある女性教員がいることを明らかにした。[15]

このように、産休代替教員制度は、一方では女性教員の継続的な就労のメルクマールとなる重要な制度であり、他方では、産休代替教員の不安定雇用を伴う新たな「差別」を生み出す制度であると言及されてきた。さらに、産休代替法制定運動を捉える上で、河上婦志子の指摘を踏まえる必要がある。ジェンダー視点をもつ女性教師研究を切り拓いてきた河上婦志子は、一〇〇年のスパンをとり、二〇世紀の女性教員の実態を研究し、性役割の一部である「母性」の思想が日本の女性教師を周辺化したと主張する。この主張の論拠のひとつに、河上は「母と女教師の会」をあげ、「それなりの意義をもち女性教師と母親を連帯させることに力を発揮した」[16]と評価しつつも、「女性教師と母親を同列視する戦略は、学校組織内で女性教師を周辺化させる機能も同時に果たしていた」[17]と批判する。

河上は、同時に、育児休業制度についても、高度成長期に政財界が共同して展開した「子育ては母の手で」という

「母性イデオロギー」は、「育児休業制度」実現のエネルギーとなる一方、女性教員自身が職業のために子どもに犠牲を強いていることへの罪悪感を生み出し、女性教員を苦しめたと指摘する。(18)

筆者は、これらの先行研究に学びながら、戦後日本の「主婦化」が進行する時代に、女性労働者が出産後も継続的に就労する雇用慣行を形成した教員職に着目し、現代の出産後の両立支援制度の基盤となる産休代替教員制度や育児休業制度が成立した過程を解明してきた。(19) その結果、次の三点を明らかにした。第一に、「母と女教師の会」という広範な階層を取り込んだ運動も射程に入れて、産休代替教員制度の制度化過程を捉えることによって、女性教員たちが地域で児童・生徒の母親たちとともに、女性にとっての母性保護の重要性や産休代替教員配置が児童・生徒の教育に与える影響を共有してきたことを明らかにした。第二は、産休代替教員の処遇を、日教組がいかに捉えていたのかを解明してきた。日教組婦人部は、産休代替教員制度の構想時点から代替教員の処遇に着目し、「正規雇用」の労働者の就労継続が低処遇の労働者によって支えられるという帰結を回避しようと試みてきた。その根底には、産休代替教員の処遇を「正規雇用」の女性教員の処遇に関わる問題と捉え、いわゆるジェンダー間格差を克服しようとする課題認識があった。第三に、日本において「主婦化」が進行する一九六〇年代から一九七〇年代にかけて、育児休業制度という既婚女性の労働権を保障する制度を実現してきた過程を明らかにした。

本稿では、これらの研究知見を踏まえながら、さらに、日本労働組合総評議会（以下、総評）や日教組の運動方針との関連性を視野に入れて、次の点を掘り下げていく。第一に、総評の運動路線である「家族ぐるみ、町ぐるみ闘争」が母親との連帯に与えた影響である。第二に、一九五〇年代から一九六〇年代に展開された広範な階層を超えた運動や、「非正規雇用」の労働者を視野に入れた運動が、一九六〇年代の育児休業法制定運動にいかなる影響を与えたのかである。

これらの運動過程の析出を踏まえて、第三に、一九七〇年代以降のウーマン・リブ運動や、一九六〇年代学生運動論との接続を展望する。小杉亮子は、ジェンダー視点からの一九六〇年代学生運動論を検討する中で、次の点を指摘する。すなわち、新旧左翼運動には、軍事的な実力闘争や武装主義への志向性が東大闘争以前からはらまれており、東大闘争ではさまざまなアクター間のコンフリクトを通じて一九六〇年代学生運動の軍事化が進むことになった。同時に、女性たちはそうした軍事的志向性を内面化しつつ、軍事的男性性が規定する運動内の性別分業や女性性の周辺化、さらには戦略・戦術といったものに「傷ついた」ために、女性解放運動に至ったと、田中美津の回想から推察する。(20)こうしたジェンダー視点をもった一九六〇年代運動論に学びながら、同時代に起きた学生運動、その後のウーマン・リブ運動と、本稿で取り上げる既婚女性の出産後の継続就労を切り拓いてきた運動の連関と断絶を捉え、日本のジェンダー体制を運動史から捉えていく可能性を探りたい。

二　分析方法と対象

日本では女性の労働運動を、第二波フェミニズムが日本に本格的に広まるきっかけとなった一九七五（昭和五〇）年の国際婦人年を境に、「それ以前」と「それ以後」とに時代区分することが多い。本稿の対象である「それ以前」の労働組合婦人部の貢献と歴史については、「お茶くみ、生休闘争と言われ、婦人部の特殊問題として位置づけられ」(21)、「最初から最後まで一貫して追求してきたのは母性保護」(22)という文言に依拠した言説が繰り返され、労働運動史研究、ジェンダー研究から、周辺化されてきた。(23)

筆者は、拙著において、女性教員が中心となった運動過程を検討する際に、次の点に留意してきた。すなわち、運動体は、運動段階に応じて、理念の実現に向けた自らの構想を彫琢しながら運動を展開している。そのため、運動体がその時代における女性の就労継続に関する議論を参照しながら、自らの主張を補強し、スローガンを掲げて、自らの戦略を達成していく足跡として捉え出す。本稿の主たる視角は、時代の制約を抱える中で、運動体がそれぞれの運動段階において、いかなる経緯を経て運動方針選択をしたかを、政治や他の運動体の動向と運動体との関係を捉えながらアプローチしようとするものである。

以下では、以上の拙著の方法論[24]を踏まえつつ、総評や日教組の運動方針や、県教組レベルとの動向との関連を分析していく。その際、日教組内の議論において、男女、階層、および、本採用と臨時的任用という雇用形態の違いが、どのように日教組婦人部の運動に関わっていたかを分析軸としながら、次の三つの局面に着目する。その第一は、児童・生徒の母親たちという階層の異なる人々に対して視点が向けられた「母と女教師の会」という運動に着目することによって、広範な諸階層をも巻き込んだ連帯をいかに成し得たのかについてであり、日教組の各種機関紙の史資料分析を中心として、日教組婦人部・女性部長や「母と女教師の会」に参加したメンバーのインタビュー調査[25]を補足的に用いて描き出す。第二は、産休代替教員の処遇についての議論であり、日教組婦人部が組合員ではない産休代替教員の処遇改善に至った経緯を明らかにする。第三は、育児休業法制定運動時における育児休業に対する意見の相違が、地域の母親との連帯過程を通じて、いかに生じたのかを論じていく。

対象は、日教組婦人部の産休代替および育児休業法制化運動である。産休代替の制度化は、戦後直後、日教組の前身となる各種教職員組合（以下、教組）が成立した時期から取り組まれた女性教員の産休保障の要求が原点である。当初は、定数基準を引き上げる運動を通して、産休代替教員の確保を要求したが、文部省が産休代替教員配置を認めたことがあっても、新年度になると、各学校で不足している英語や理科等の教員や組合専従職員にあてられたことから日教組婦人部は法制化を要求することとなった経緯がある[26]。産休代替の法制化は一九五四（昭和二九）年に日教組の運動方針に据えられ、一九五五年に産休代替法が成立、一九六一（昭和三六）年に産休代替教員の配置が義務化された。育児休業法制化運動は、一九六二（昭和三七）年に日教組定期大会で育児休業の要求が出されてから、「義務教育諸学校等の女子教育職員及び医療施設、社会福祉施設等の看護婦、保母等の育児休業に関する法律」（以下、「女性教員等の育児休業法」）が成立する一九七五年までの期間に展開された日教組婦人部が中心となった運動を指す。これらの運動は、すべての学校・職種に適用されることを基本理念として追求されたもの[27]であるが、本稿では女性教員職を焦点化するため、一九四五（昭和二〇）年から一九七五年を対象とする。

こうした分析の後、一九七四（昭和四九）年から始まった日教組婦人部の女子教育もんだい研究会や、学生運動世代の教員へのインタビュー調査[28]を検討しながら、同時代に起きた学生運動、その後のウーマン・リブ運動と、本稿で取り上げる既婚女性の出産後の継続就労を切り拓いてきた運動の連関と断絶を捉え、日本のジェンダー体制を運動史から捉えていくための課題を整理したい。

三　前史——一九五〇年代の母親との連帯が産休代替教員法制化運動に与えた影響

ここからは、筆者のこれまでの研究成果をもとに、一九五〇年代から一九七〇年代にかけての他の女性労働者との連帯を模索した日教組婦人部の運動過程を捉えていく。第一に、児童・生徒の母親たちと日教組婦人部との連帯の過程を、拙著で論じた「母と女教師の会」の運動[29]に着目しつつも、総評や日教組の運動方針との関連から論じる。

第一回母親大会の決議には、「一、子供の教育が完全にできるよう、お産をする先生が、安心してやすめる産休補助教員の法律を作ってください[30]」と、産休代替教員法制化の要求が含まれている。産休代替法はなぜ母親たちをひきつけることとなったのだろうか。

一九五〇年代当時、産休代替教員が配置されない状況において、女性教員が産前に休暇を取得することは困難を極めた[31]。しかしながら、産前に法定通りの休暇が取れないことは、教員職に限ったことではなかったため、女性教員が産休取得を主張することに対して、母親からの批判も寄せられたという。[32] このような批判を乗り越えていったのが、「母と女教師の会」で議論された「母性保護」の重要性と、多人数学級の解消である。[33]

以上のような母親との連帯のきっかけとなったのが、一九五二年から一九五四年まで開催された婦人教員研究協議会（以下、婦研協）である。[34] 婦研協において議論された問題は、母親とともに運動するものであり、婦研協の講師らと多くの女性教員たちは、すべての問題を「封建性」の残滓に帰着させて考えた。[35] そして、解決の筋道は、民主主義の徹底による封建制の残滓の打倒であり、母親と手をつなぐことが女性教員の役割だとした。[36]

「母と女教師の会」は一九五四年当初には、北海道、東北、関東、北陸、東海、近畿、中国、四国、九州という日教組のブロックごとに開催された。だが次第に、大会にて討議される問題を解決するために、より小さな単位の大会が開催されることとなっていった。高知県では、学級→学校→区→郡、市→県→四国ブロックという積み上げ方式をとった。[37]「母と女教師の会」は一九五五年以降の日本の母親運動の基盤とも位置づけられた。[38]

各教組は、女性組合員に対し、母親との連帯が自身の問題解決につながると訴えた。[39] 一九五五年に、日本母親大会が開催されて以降、地域の「母と女教師の会」は、教育問題の学習にウェイトがかけられたものの、地域の母親連絡会には、教組の他にも日本炭鉱主婦協議会や全日本自由労働組合の母親、その他の女性労働者が多く参加し、教育問題外の政治、経済、社会の問題を広く取り上げられることもあった。[40] 高知県のように地域によっては、「母と女教師の会」と母親大会を分けずに開催しているところもあり、[41] 実践は多岐にわたった。[42]

筆者のインタビュー調査においても、高知県幡多郡において、「母と女教師の会」が活性化した経緯には、運動を通じて、通学路のトンネルに照明がついたり、遠方の小学校に通う児童のためにバス路線が通ったりと、次々と児童・生徒の抱える問題が解決されたことがあったという。[43]

以上のように、筆者は、日教組婦人部の母親との連帯過程や、この母親との連帯が、産休代替法の成立に与えた影響を拙著で論じてきた。ここからは、総評や日教組の運動方針との関連から、日教組が母親との連帯を推進した経緯をみていきたい。一九五〇年代当時、総評は、高野事務局長の指導により、職場闘争や、企業別労働組合の主体的な力量の不足を、地域の住民や農民を含めての「家族ぐるみ、町ぐるみ」で闘う路線をとった。[44]たとえば、一九五三（昭和二八）年から始まる日産闘争では職場闘争が重視され、一九五四（昭和二九）年六月に日本製鋼所が人員整理を発表したことに端を発した同社室蘭製鉄所の争議では、主婦会と青年行動隊が組織された。[45]日教組も、平垣美代司書記長の指導下にあって、高野総評事務局長の指導方針をとり、[46]勤評闘争が展開した時代であった。[47]

このように、日教組婦人部は、「家族ぐるみ、町ぐるみ」で闘う総評の〈ぐるみ闘争〉および〈ぐるみ闘争〉を支える職場活動家の育成や職場闘争を重視する高野総評事務局長の指導方針を支持する日教組の運動路線の影響も受けながら、一九五〇年代に「母と女教師の会」を通じて、母親との連帯を深めていった。

特に、日教組教育図書館所蔵資料上に、「母と女教師の会」の記録が残っている県は、平垣美代司書記長を支持していた可能性の高い県であり、総評や平垣美代司書記長の指導方針の影響を強く受けていたと推察できる。一方、大木基子による高知県教組の山中節への聞き書きに残っているような職場の姿勢――反対や邪魔はしないものの協力には消極的――や、PTAの親しい役員――主として男性――でもまったくとりつく島もないといった状況[48]を経て、母親との連帯に至った過程と、〈ぐるみ闘争〉の方針との関連性は、今後、ジェンダーの視点をもちながら、中央執行委員会、県、職場レベルでの勢力関係に目を配りながら注視していく必要がある。

以上のように、日教組婦人部は、結成時の基本方針である「実質的な男女平等の獲得[49]」を追求していく中で、「母と女教師の会」を通じて、地域の相対的低学歴で低賃金労働を強いられる母親たちに向き合いながら、暮らしの中での問題の解決や、女性の労働権の確立の道筋を考えていった。これらの運動は、〈ぐるみ闘争〉に代表される総評や日教組の運動方針とも親和性が高く、学校のある限り、活動の足場があることも相まって「母と女教師の会」は広範な運動となっていった。

次に、結成時の基本方針である「実質的な男女平等の獲得[50]」を追求した結果、一九六〇年代に起きたと考えられ得る産休代替教員処遇改善運動を検討する。

四　一九六〇年代の産休代替教員処遇改善運動と育児休業法制定運動

ここからは、一九六〇年代の日教組婦人部の出産後の継続就労の実現に向けた要求運動を、産休代替教員処遇改善運動と育児休業法制定運動の二つの運動に焦点化して論じていく。

一九六〇年代に入ると、日教組の運動路線は大きく転換していく。一九五七年から始まった勤評闘争の運動方針をめぐって日教組内が、平垣書記長派と宮之原副委員長派に分かれて対立した中、一九五八年に平垣書記長が退任し、宮之原貞光が書記長に就任する。平垣が書記長から退任した後も、一九五〇年代は、平垣派の組合員が中央執行委員の中に多かったが、一九六〇年代に入ると、次第に、宮之原派が日教組内の主流を占めていき、一九六二年に宮之原は委員長、宮之原派の槙枝元文が書記長に就任し、職場活動家の育成や〈ぐるみ闘争〉を重視した運動から中央闘争を重視した運動へと方針転換を図っていく[51]。総評も一九五五年の事務局長選挙において高野事務局長が敗れ、岩井事務局長に交代し、産業別統一闘争を重視した[52]。

勤評によって、校長の組合離脱が相次ぎ、組織的な弱体化が始まっていた一九六〇年代の日教組は、裁判を糸口に闘争を展開し、次々と成果をあげていったが、この運動方針は、最高裁判事の交代等を経て、一九七〇年代に入ると行き詰まりを見せていく[53]。高度経済成長期を経た日本において、総評や日教組の運動方針と、末端の組合員や、地域住民の生活実感との乖離をみせていったともいえる。こうした日教組にとっての運動の転換の時期を迎えた一九七〇年代において、唯一成果をあげたのが、育児休業制度の成立であったと筆者は考える。一九五〇年代に〈ぐるみ闘争〉の影響も受けながら、階層差を超えた広範な連帯を築いてきた日教組婦人部の運動が、一九六〇年代にいかなる展開を迎え、一九七五年の女性教員等の育児休業法成立に向かったのかをここでは考察していく。

（1）産休代替教員処遇改善運動における「非正規雇用」教員との連帯

一九五〇年代の「正規雇用」の産休代替教員の要求

ここでは、産休代替教員処遇改善運動を、拙著第四章第五節を要約し紹介する。日教組婦人部は、産休代替制度の構想段階から、代替要員の不安定雇用化を回避しようと、議論を重ねてきた。当初、代替教員の資格を規定し、常置制とする案を出していた(54)。だが、一九五四年一〇月四日の第二三回婦人部総会において、第一に、資格の規定をすると、全国一律に産休代替教員の数を確保することが難しくなり、第二に常置制については、「各郡により月によって必要な産休補助教員の数が違って来るので、最初から各郡市に配当すると実情に合った配置運営が出来ない(55)」という理由から、法律上において資格や常置制は規定しないこととした。

一九五五年に日教組が発表した法案では、「原則として、臨時的任用以外の方法」で「併任以外の方法」と定められていた(56)。ところが、法案審議中に与党・自由党から日教組構想とは異なる産休代替法案が提出され、「臨時的任用」と規定された。社会党左派は、国会内では少数派であったため、日教組は法案成立のためにやむなく、「自由党案に日教組の方針を盛り込む(57)」という方針に転換し、連日国会に働きかけた。その結果、左派右派両社会党案および自由党案は撤回され、自由党が日教組要求を部分的に加えた法案を改めて提出し、この法案が産休代替法として成立した(58)。女性教員の産休保障の困難な実態(59)を踏まえれば、産休代替法の制定自体を最優先としたものと推察できる。しかし一方では、日教組婦人部が法案構想段階から産休代替教員の処遇に着目したことが、処遇改善を求める動きにつながったと捉えられる。

一九六〇年代の産休代替教員の処遇改善運動

日教組婦人部やその支部である都教組婦人部では一九六〇年代から産休代替教員の処遇を問題視し、処遇改善の運動を続け、昇給や職位の上昇といった一定の成果もあげてきた。だが、この運動は婦人部の取り組みにとどまり、日教組全体を巻き込むことができなかったために、日教組婦人部が掲げた低処遇問題のほとんどを解決するには至らなかった。

なぜ「正規雇用」の組合員が、組合員ではない「非正規」雇用の産休代替教員の処遇改善を追求し続けてきたのだろうか。日教組婦人部は、産休代替教員の低処遇の問題を「たんに〝産休代替教員の問題〟としてかたづけることはできない。なぜなら、この処遇問題は、直接間接に女教師の地位の問題にかかわってこざるをえないからである(60)」と述べ、女性教員全体に関わる問題として捉えた。すなわち、本採用の教員と臨任教員の処遇格差の問題ではなく、男性教員と女性教員との間の処遇格差という今日的な意味での「ジェンダー間格差」の問題として捉えたということになる。日教組婦人部が、産休代替教員の処遇問題を「女教師の地位の問題(61)」と捉えたのは、産休代替教員の多くを女性が占めていたことや、出産によりやむなく教員を辞めた女性教員がいずれは産休代替教員となっていくことを念頭に置いていたためだと考えられる(62)。さらに、一九八五年に定年制が導入されるまでの雇用慣行として、女性教員の方が男性教員よりも若い年齢で馘首されていたことへの実態認識が強く影響したものと考えられる(63)。

加えて、産休代替教員の処遇改善運動が展開した背景には、次にあげる日教組婦人部の基本方針や、運動展開があると捉えることができる(64)。日教組婦人部結成時の基本方針は、女性の労働条件の改善、政治的・社会的・経済的地位の向上、さらに、女性運動における前衛的役割をもち実質的な男女同権を獲得する、というものだった。こうした思想を背景に一九五〇年代以降日教組婦人部は、先述の通り、「母と女教師の会」を通して日教組の枠を超えた女性たちとも連帯関係を組むことを模索していった。男性組合員に比べて、女性組合員は結婚・出産や馘首によって組合員が早期退職する傾向が強いため[65]、日教組婦人部にとって中途退職した女性教員の組織化は、婦人部の要求を盛り込んだ運動を展開する上で重要視されていた[66]。

こうした日教組婦人部の運動方針が、一九七〇年代の日教組にとって、唯一、成果をあげたといっても過言ではない女性教員等の育児休業法の成立にいかにつながっていったのか。次に育児休業法制定運動における母親との連帯を考察していく。

（2）育児休業法制定運動における母親との連帯

ここでは、一九五〇年代から「母と女教師の会」を基軸に始まった女性教員と地域の女性労働者たちの連帯が、一九六〇年代から一九七〇年代の育児休業法制定運動にいかなる影響を与えたのかを考察する。育児休業法制定運動は、日教組婦人部内を、育児休業に対する賛成派と反対派に二分し、「既婚女性の労働権の保障とは何か」をめぐる議論に年月を費やしてきた歴史をもつ。育児休業法制定運動は、拙著第五章で論じた全国の運動過程を論じつつ、育児休業に反対の立場をとり、前項において、母親との連帯過程を論じた高知県での議論を取り上げる。高知県に焦点化することにより、育児休業への反対意見が母親との連帯に根差した地域の産業構造や女性労働の実態を踏まえて、いかなるかたちで日教組婦人部中央執行委員会に提出されたのかを考察していく[67]。その際、高知県の育児休業法制定運動を位置づけるために、育児休業要求運動を先導してきた静岡県や、日教組婦人部の意思決定過程と、高知県の議論を対比しながら、一九六〇年代の日教組婦人部育児休業法制定運動における母親との連帯過程を描き出す。さらに、筆者のこれまでの研究では取り上げることのできなかった日教組内の勢力関係との関連から、育児休業法制定運動を掘り下げていく。

育児休業の要求

日教組婦人部内での育児休業の議論を考察する前に、当時の日教組内の勢力関係を確認したい。育児休業法制定運動が展開された一九六四年から一九七五年当時の婦人部長の奥山えみ子は、宮之原貞光（一九五八年書記長、一九六二年委員長）と同じ鹿児島県で中学校教員をしていた経歴をもつ。宮之原から誘われ、奥山は一九六〇年に婦人部執行委員となり、一九六二年からは二一年間にわたって日教組婦人部長を務めた(68)。日教組内での対立が表面化する渦中にあって宮之原派の勢力を拡大するために、宮之原は奥山を誘ったと推察できる。こうした日教組内の勢力関係が、日教組婦人部の育児休業をめぐる賛成／反対の立場に影響し、いわゆる主流派と反主流派に分かれた議論が展開された。

ここからは、育児休業の要求が出てくる過程や、日教組婦人部内での議論を、拙著第五章を要約しつつ、紹介する(69)。日教組で育児休業制度の要求が出てくるのは、一九六三年に長崎県で開催された第二六回定期大会である。この提案は、一九六二年の静岡県教職員組合（以下、静教組）婦人部委員会志太支部で出た「やっと教員になってこれからというときに、出産・育児のために辞めざるを得ない。忍びないことです。何とかならないでしょうか(70)」という要求に基づいていた。教員が産休終了後に保育所に子どもを預けられないことは、女性教員は、他業種の女性労働者に比べて高収入だったことも影響していた。

一九六三年の定期大会では、時期尚早として運動方針化は否決されたものの、婦人部内での検討が進められた(71)。その理由のひとつに、国際的な動向がある。一九六五年にはＩＬＯ一二三号「家族責任をもつ女性の雇用に関する勧告」、一九六六年にはＩＬＯ・ユネスコ「教員の地位に関する勧告」一〇三項といった国際機関の勧告があり、女性の「育児休暇」は、各国政府に勧告されていた。(72) ＩＬＯ・ユネスコ勧告を受けて、文部省初等中等局の今村武俊審議官は、「今後の文部行政の検討すべき課題の一つである」と認めた経緯もあった。(73)

日教組婦人部内での育児休業に対する認識は、賛成と反対と大きく二つに分かれた。(74) ここには、日教組内の主流派と反主流派の対立も影響している。賛成理由の多くは、静岡県の提案と同じく、〇歳児保育はない、核家族で親族に頼めない場合には、退職せざるをえないというものである。反対意見には、保育所設置運動との矛盾、休業の問題点を指摘するものが多く出された。(75)

以上が、育児休業を要求した静岡県教組の主張と、日教組内での育児休業をめぐる議論の動向である。ここからは、反対の立場をとった高知県教組の議論に着目したい。(76) 拙稿でも取り上げた通り、高知県教組の北岡照子は、一九六六年の県教組婦人部執行委員会の検討過程において出た次の三つの課題に言及した。(77)

第一に、「新規採用抑制」「転勤」「出向」といったかたちで「合理化」が進み、特に女性労働者は、若年定年制の新設等が起こる中で、育児休業制度は、「当局に『合理化』攻撃の好機を与える危険がある」(78) と主張する。

第二に、国際的な動向をみても、有給の育児休業制度は実現可能性が低く、無給休職という新しい困難を持ち込むだけになるのではないかと述べる。

第三は、労働運動の本質に戻ることである。女性教員の要求を職場で取り上げ、解決しようとしているところでは、育児休業制には反対の立場をとり、女性教員の要求を職場で取り上げず、個人解決にゆだねがちなところでは、「育児休業」への期待が高いという傾向がある。「育児休業」の要求は、職場を基礎とした労働条件の改善によってこたえることができると北岡は述べる。(79)

こうした北岡の主張の背景には、高知県の女性教員が他職種の母親と連携しながら、運動を進めてきた実態が垣間見える。高知市内で共同保育所を運営してきたＦ氏は、県土が山地で分断され、県内の移動が困難であり、女性が就労する慣行が多い土地柄であり、古くから保育所運動が盛んだったという認識を語った[80]。一九五三年度の数値ではあるが、人口一〇〇〇人に対する保育所の定員数は、二六・〇と全国一の水準である[81]。特に、農林水産業、小企業、内職で働く女性労働者にも育児休業制度を拡大していくことは、実現可能性が低い。こうした地域の実態に根差して、育児休業ではなく、保育所を基軸に据えることを高知県は主張してきたと考えられる。

以上が、筆者のこれまでの研究から明らかになってきた高知県教組婦人部の育児休業法制化に対する見解と、当時の高知県の女性労働の実態である。ここからは、一九五〇年代に展開された母親との連帯過程が一九六〇年代の高知県でいかなる動きをみせたのかを確認していきたい。一九五五年から、高知県教組婦人部は「母と女教師の会」を、高知県婦人団体懇談会は母親大会を開催してきたが、一九六二年の第八回から高知県「母と女教師の会」と高知県母親大会は合同集会を開催することとなった[82]。前一九六一年の第七回大会から、両大会の主催者が合流し、高知県母親運動実行委員会が、第七回高知県「母と女教師の会」と母親大会を開催していた経緯もあり、両大会の理念が一致しており、参加者も重複することから、合同で開催することとなった。一九六二年の第八回大会では、各分科会から大会に持ち込まれ、決議された事項の大項目の最初に、「(略)保育所を地域と職場に増設する運動を進めよう」という項目があった[83]。第九回から第一五回(一九六三年から一九六九年)にかけて、保育所増設は毎回、要求に盛り込まれたものの、育児休業の記載は見当たらなかった[84]。このように、高知県は、一九五〇年代に、総評や平垣美代司書記長の指導方針の影響を強く受けて展開した母親との連帯を、一九六〇年代には、母親運動の合流というかたちで結実させていった経緯がある。こうした地域の母親との連帯を受けながら、育児休業に対する見解をまとめていった。以上の各教組の動きを踏まえながら、日教組婦人部がいかなる決定をしていったのかを次に考察していく。

日教組婦人部の決定――育児休業の三原則

高知県のように育児休業に反対の立場をとった県があったにもかかわらず、日教組婦人部は、育児休業法制化を運動方針に据える。ここからは、日教組婦人部が、いかなる理由で、育児休業法制化を決めたのかを、拙著五章を要約して紹介する。

日教組婦人部は、一九六六年の第二〇回婦人部総会において「婦人の労働権確立のためと熟練した婦人教師の退職防止のために、育児休暇を制度化する」と判断を下した(「婦人部報」一九六六年一一月発行)。その際念頭に置いたのは、育児休業は、既婚女性を退職に追い込む合理化に加担するのではないかという先述の育児休業に対する反対意見だった。(85)

日教組婦人部は、育児休業制度に対する「最も遅れた教員の保育所運動を停滞させる」「合理化の一翼となる」という反対意見を乗り越えて、制度の必要性を打ち出す際に、「労働権」の確立という見地に立った。このことから、自らの育児休業法制化運動を、労働権運動と位置づけてきたと筆者は拙稿で結論づけた。(86)

本稿では、各県での議論や、一九五〇年代からの母親との連帯に視点を置きながら、一九六〇年代の育児休業法制化運動の動向に肉薄してきた。この分析からは、静岡県教組や高知県教組は、一九五〇年代からの地域の女性労働者たちとの連帯を基軸に、各地の実態をもとに、育児休業制度に対する立場を表明してきたことがみえてきた。一方、日教組婦人部は、こうした各教組との議論や、全国的な調査を通じて、女性教員の実態を把握し、「女性の労働権」という視点に立って育児休業法制化を運動方針に据えたといえる。

今回は、育児休業への反対の立場をとり、反主流派であると考えられる高知県と、育児休業を要求した静岡県を対比的に論じた。このように、各地の実態を掘り下げ、日教組全体の運動方針との関連を考察することは、全国に広がる教員職と、一九六〇年代に結婚退職が制度化された民間企業の事務職とを対置化し、「主婦化」が進行する一九六〇年代に、結婚・出産後の継続的な就労に進んだ教員職を立体的に位置づけることにもつながると考える。

五　一九七〇年代以降の展開――一九六〇年代運動論との接続に向けて

先述のように、日教組婦人部は、結成時の基本方針である「女性の労働条件の改善、政治的・社会的・経済的地位の向上、さらに、女性運動における前衛的役割をもち実質的な男女同権を獲得する」ことを追求した結果、階層差や雇用形態の差を超えて、広範に連帯し、産休代替教員や育児休業の要求運動を展開してきた。

一方、本稿において焦点化する女性教員運動をはじめとする戦後の婦人部が主体となった運動は、一九七〇年代以降、男女の差異を前提に据え、母性保護を強調したことによって、結果的に、男女平等を阻害してきたと批判されてきた[87]。ウーマン・リブ運動の台頭や、女性学、ジェンダー研究は、一九七〇年代以降の日教組婦人部の運動にいかなる影響を与えたのだろうか。ここでは、一九七四年から始まった女子教育もんだい研究会（現 両性の自立と平等をめざす教育研究会）と、学生時代に学生運動を経験し、一九六〇年代後半から一九七〇年代に入職した世代の教員に着目しながら、今後の研究課題を整理していきたい。

（1）女子教育もんだい研究会と女性学・ジェンダー研究

木村松子は、一九七〇年代以降、日教組婦人部が、機関誌を通じて、女性学の知見を受容していく過程を解明した[88]。奥山えみ子は、「労働権」を戦略的なタームに掲げて運動を展開する中で、「女子生徒に人権としての労働権を育てる必要がある」と考えるようになった[89]。「女子教育もんだい研究会」の発端となったのは、一九七二（昭和四七）年の日教組教育制度検討委員会の第二次報告書「日本の教育をどう改めるべきか」である。大分県高等学校教職員組合（以下、高教組）婦人部長である仁木ふみ子からの反論が起き、奥山は、仁木の第二次報告書の検討内容を、日教組教育制度検討委員会に取り次いだ。一九七四年春、同委員会は、最終報告の草案ができた段階で小委員会を開いて報告書を検討することとし、女子教育に関わる小委員会も設置され、一番ヶ瀬康子を中心とした数人のメンバーが委員となった。[90]この委員会での研究内容は、後に、一番ヶ瀬と奥山の編集で『婦人解放と女子教育』（勁草書房、一九七五年）にまとめられた。さらに、奥山は、小委員会でまとめた教育制度改革を実現するために、一九七四年の日教組定期大会において、「女性解放のための女子教育推進」を明示し、決議を得た。これにより、各婦人部長を通じて全国に広げる手続きを済ませ、この教育運動を推進するための日教組婦人部中央での研究会「女子教育もんだい研究会」を組織した。[91]「女子教育もんだい研究会」の組織の背景には、日教組教育研究集会の家庭科教育分科会の行き詰まりも影響した。

一九七九（昭和五四）年一〇月には、機関誌『季刊 女子教育もんだい』が創刊され、日教組婦人部長の奥山えみ子を代表に、一番ヶ瀬康子（当時・日本女子大学教授）、村田泰彦（当時・神奈川大学教授）、星野安三郎（当時・東京学芸大学教授）、佐藤洋子が編集委員となった。[92]

『季刊 女子教育もんだい』の第一回の特集では、ベーベルの婦人論を取り上げていたが、[93]日本国内で女性問題研究家が精力的に欧米の女性学の研究を紹介するようになるにつれ、『季刊 女子教育もんだい』でも、ウーマン・リブ運動を契機としたフェミニズム理論を資料や書評というかたちで掲載するようになった。[94]一九八一年『季刊 女子教育もんだい』第九号では、日教組運動の理論的支柱となったマルクス主義の批判を取り上げ、同じく一九八一年の第七号では中国社会、一九八三年の第一四号ではソ連社会といったこれまでの日教組運動に関わる多くの知識人が社会主義ユートピアを託した中国・ソ連社会へのフェミニズム運動からの批判を掲載した。[95]さらに、一九八〇年代には、ジェンダーとセクシュアリティの視点を導入し、「性の自立」概念の獲得に取り組んだ。[96]

木村は、こうした「女子教育もんだい研究会」を中心とした日教組婦人部の教育運動を、ウーマン・リブ運動からは一線を画し、経済的自立や労働権に重点を置いたものの、『季刊 女子教育もんだい』の発行を通した情報収集・情報交換によって、社会主義婦人解放論を克服し、ウーマン・リブ運動を契機としたフェミニズムを取り入れていったものであると主張する(97)。

筆者がインタビュー調査をした日教組女性部長経験者も、「女子教育もんだい研究会」を踏まえて、「一九七五年の国際女性年が日教組婦人部・女性部の運動の転換点になった」と語った(98)。こうした日教組婦人部の教育運動が、各学校の教育実践や、男性優位な学校文化にいかなる影響を与えたかは、今後、掘り下げていきたい。この課題に取り組むにあたり、次には、各学校の教育を担った教員の中でも、学生時代に学生運動を経験した世代について論じていきたい。

（2）学生運動世代の教員経験

ウーマン・リブ運動を担った世代と同年代の教員は、学生時代に学生運動を経験し、日教組の組織率が五割を超える時代に、教員となり、「教職の女性化」を支えてきたといえる。小学校女性教員に目を向けると、一九六三年から女性教員数が増加を続け、一九六九年に女性教員比率が五割を上回り、一九八〇年まで急速に増加している（文部科学省「学校基本調査」）。一九六〇年代は、教員職において「女性の雇用労働化」が起きた時代であり、先述の通り、筆者は一九六〇年代を「教職の女性化」と位置づけている。一九六九年の日教組の調査によると、女性教員の三分の二は既婚女性であり、一万二〇〇〇人の女性教員が出産していた(99)。

一番ヶ瀬らによると、一九六〇年代にかけての小学校における女性教員比率の向上は、都市部において女性比率が向上したことが主要因である。地域差に目を向けてみると、都市部を除いては、女性教員比率が五割を下回る地域もあった。[100]

こうした実態を踏まえ、筆者は、これまで「教職の女性化」の進行過程を捉えるために、都市部の女性教員の動態に着目してきた。特に、都市部での人口増加に伴う小学校の増設に伴い、地方都市から教員として流入してきた女性教員に焦点化し、筆者は、二〇一六年からA県出身であり、東京都で就職した女性教員のインタビュー調査を重ねてきた。

これらの調査の中では、断片的ではあるものの、学生運動やウーマン・リブ運動に対する違和感、[101]一九九〇年代にジェンダー平等推進教育として全国的に拡大した「ジェンダーフリー教育」との出会いが語られてきた。学生運動に対しては、次のように語っていた。

> 当時、セクトの様子を見ていると、結婚している男性は経済的にも、育児も全部女性に任せて、〝自分は世の中のためにやっているんだから偉いんだ〟〝女性が支えるのは当たり前だ〟という空気があり（中略）口では平等を言うけれど、実生活は抑圧だ。こんな人たちに革命を起こさせては大変だと思っていました。

一方、ウーマン・リブ運動については、「冷ややかに一線を画していた」と語り、その理由を、「階級闘争の視点がなければ、また、組織的に運動しなければ、ただの女権拡張闘争ではないかと思っていた」という。一九九〇年代にジェンダー平等推進教育と出会ったときのことは、「目から鱗が落ちるとはこの事」と表現し、「実に民主的で居心地のいい職場」だと感じたと当時を振り返る。

また、学生運動の活動家だった教員は、その思想信条や教育実践に対して保護者からの理解を得にくかった様子や、保護者と関係性を構築することが困難であるために、組合内での理解を得られずに、都道府県教組の幹部にはなれなかったことを話すインタビュー対象者もいた。[102] こうした語りをいかに検討していくかは今後の課題になるが、本稿で取り上げた日教組婦人部の運動と、一九六〇年代の学生運動やウーマン・リブ運動との断絶を超えて、一九六〇年代の日本社会を見通す手掛かりになると考える。

おわりに

本稿は、これまで筆者が捉えてきた日教組婦人部の産休代替および育児休業の法制化運動においてみられた雇用形態と階層差を超えた女性労働運動を、一九六〇年代を基軸に、その前後の一九五〇年代や一九七〇年代との連続性に着目しながら分析してきた。

特に、これまで十分に検討できなかった総評や日教組の運動戦略との連関を捉えることによって、〈ぐるみ闘争〉やそれを支える職場活動家の育成が、母親との連帯に与えた影響を明らかにできた。

一方、筆者が著書の中で触れてきた男性優位な組合・職場・地域の中で、女性教員が母親との連帯を、管理職やPTAに打診しても取り合ってもらえず、家庭訪問や荷籠をかついで自宅にくる母親との世間話の中で連帯の可能性を探ってきたという、地道な女性教員の活動によって、母親との連帯が成し遂げられてきたことは、日教組の運動路線、さらには、県教組、市区町村分会、各職場の組合活動との関連に踏み込んで十分に触れることができなかった。日教組の運動方針の決定過程や、各教組の活動の中の勢力関係をジェンダー視点からさらに掘り下げていく必要があるだろう。

また、これまでに整理してきた通り、一九七三年から行われてきた「女子教育もんだい研究会」の成果が現場の教員の教育実践にいかなる影響を与えたのか、「教職の女性化」を支えた学生運動世代の女性教員たちが学生時代の経験やウーマン・リブ運動、日教組婦人部の運動方針をいかに捉え、日々の教育実践に落とし込んでいったのかを探ることによって、今後、本稿で取り上げてきた日教組婦人部の出産後の就労継続要求運動を、同時代に起きた運動と接続していきたい。

注

（1）たとえば、女たちの現在を問う会編『銃後史ノート戦後篇⑧　全共闘からリブへ』インパクト出版会、一九九六年。
（2）金井淑子「労働運動フェミニズム論――女の運動の論理」『ポストモダン・フェミニズム――差異と女性』勁草書房、一九八九年、三五頁。辻岡靖仁「戦後労働組合運動と婦人労働者」黒川俊雄ほか編『現代の婦人労働第四巻』労働旬報社、一九七八年、六二頁。
（3）「産休補助教員」とも呼ばれるが、本稿では「産休代替教員」もしくは「産休代替」の呼称に統一する。
（4）育児休業制度は、「育児休暇」および「育児休職」と呼ばれた時期もあったが、本稿では、「育児休業」に統一して記述する。
（5）跡部千慧『戦後女性教員史――日教組婦人部の労働権確立運動と産休・育休の制度化過程』六花出版、二〇二〇年。
（6）本章の研究史整理は、基本的には跡部前掲書第一章を要約している。詳しくは同書を参照されたい。
（7）木本喜美子「女性たちはどこでどのように働いてきたのか――女性労働研究の課題と方法を再考する」中谷文美・宇田川妙子編『仕事の人類学――労働中心主義の向こうへ』世界思想社、二〇一六年、二五九頁。跡部前掲書、七頁。
（8）木本喜美子「織物女工の就業と家族経験――近代家族規範の検討」『大原社会問題研究所雑誌』第六五〇号、二〇一二年、三三―四八頁。木本喜美子編『家族・地域のなかの女性と労働――共稼ぎ労働文化のもとで』明石書店、二〇一八年。
（9）宮下さおり・木本喜美子「女性労働者の一九六〇年代――『働き続ける』ことと『家庭』とのせめぎあい」大門正克ほか編『高度成長の時代　1　復興と離陸』大月書店、二〇一〇年、二三三―八九頁。跡部前掲書、七頁。

(10)　一番ヶ瀬康子・木川達爾・宮田丈夫編『女教師のための講座　女教師の婦人問題』第一法規出版、一九七四年。跡部前掲書、一〇頁。佐藤智美が跡部前掲書への書評で指摘するように、民間企業の事務職と教員職を対比する際には、両職種の地域分布も考慮に入れる必要がある（佐藤智美「書評『戦後女性教員史：日教組婦人部の労働権確立運動と産休・育休の制度化過程』跡部千慧著、六花出版」『ジェンダー研究』通巻四一号第二四号、お茶の水女子大学ジェンダー研究所、二〇二一年、二一〇―二一二頁）。

(11)　宮俊司「女教師像の転換」中内敏夫・川合章編『日本の教師　4　女教師の生き方』明治図書出版、一九七四年、一四六―一四七頁。跡部前掲書、一八頁。

(12)　本稿では「女子教育職員の産前産後の休暇中における学校教育の正常な実施の確保に関する法律」（一九五五年八月公布、翌一九五六年四月施行）と、その後に改題された「女子教育職員の出産に際しての補助教育職員の確保に関する法律」（一九六一年一一月公布、即日施行、その後一九六四年、一九七四年、一九七八年、一九八五年、一九九七年、一九九八年、一九九九年、二〇〇一年、二〇〇三年、二〇〇四年、二〇〇六年、二〇〇七年、二〇〇八年に改正）を「産休代替法」と総称している。

(13)　小沢幸一・遠藤忠志編『産休代替制度化のあゆみ』学事出版、一九七九年。桜井絹江『母性保護運動史』ドメス出版、一九八七年、一三二頁。跡部前掲書、一九頁。

(14)　一番ヶ瀬ほか編前掲書、九七頁。跡部前掲書、二〇頁。

(15)　井上いずみ・村松泰子「臨時的任用教員の就業意識とその実態」『東京学芸大学紀要　総合教育科学系』第五八巻、二〇〇七年、五一五―五三一頁。跡部前掲書、二〇頁。

(16)　河上婦志子『二十世紀の女性教師――周辺化圧力に抗して』御茶の水書房、二〇一四年、三六九頁。跡部前掲書、二二頁、二五頁。

(17)　同前。

(18)　同前。

(19)　跡部前掲書。

(20) 小杉亮子「東大闘争の戦略・戦術に見る一九六〇年代学生運動の軍事化――ジェンダー的観点からの一九六〇年代学生運動論との接続をめざして」『国立歴史民俗博物館研究報告』第二二六号、二〇一九年、一五三―一六八頁。

(21) 金井前掲書、三五頁。

(22) 辻岡前掲書、六二頁。

(23) 萩原久美子「労働運動のジェンダー主流化と女性の自主活動組織――英米の先行研究に見るジェンダー分析の視点と日本への含意」『大原社会問題研究所雑誌』第六二二号、二〇一一年、一三頁。

(24) ここで触れた方法論は、跡部前掲書第三章を要約している。詳しくは同書を参照されたい。

(25) 日教組婦人部長経験者二名、高知県の「母と女教師の会」の運動に携わった三名、および、高知県の共同保育所運営経験者にインタビュー調査を行った。時期は、A氏は二〇一〇年一〇月および二〇一二年九月、B氏は二〇一四年一〇月である。A氏は、一九二〇年代生まれ、一九六〇年代から八〇年代に日教組婦人部の専従職員を務めた。B氏は、一九三〇年代生まれ、一九八〇年代から一九九〇年代に日教組婦人部および女性部の専従職員を務めた。両氏とも日教組専従職員の前には、中学校の教員を経験している。A氏B氏ともに、質問項目の柱に、①生い立ち、②教員になったきっかけ、③日教組婦人部長になったきっかけ、④組合運動で力を入れていたことを据えた。A氏の調査は二時間を計三日間、B氏の調査は三時間を要した。高知県「母と女教師の会」の運動に携わった三名(C氏・D氏・E氏)は二〇一八年八月に調査を行った。C氏は、一九三〇年代生まれ、高知県幡多郡において定年近くまで中学校の教員を務めており、高知県幡多郡の「母と女教師の会」の運動の立ち上げ期から運動に関わる。D氏・E氏は一九四〇年代生まれ、ともに、高知県幡多郡の「母と女教師の会」の運動に関わってきた。C氏・D氏・E氏の調査では、質問項目の柱に、①生い立ち、②教員になったきっかけ、③運動に関わったきっかけ、④運動で力を入れていたことを据え、調査に二時間を要した。高知県の共同保育所運営経験者には、二〇一九年五月に調査を行った。質問項目の柱に、①生い立ち、②共同保育に関わったきっかけ、③共同保育の運営において工夫したこと/苦労したことを据えた。調査は二時間を要した。

(26) 詳細は、跡部前掲書。

(27) 二〇一〇年一〇月A氏へのインタビュー調査より。
(28) 二〇一六年八月と二〇一七年七月から一〇月に行った東京都の隣に位置するA県にあるA大学教育学部を一九六九年三月に卒業し、東京都で小学校教員になった卒業生一五名に対する機縁法のインタビュー調査より、二〇一六年八月に実施した一名のものを用いる。質問項目の柱に、①生い立ち、②教員になったきっかけ、③組合活動に参加したきっかけ、④仕事と育児の両立において工夫したこと／苦労したこと、⑤教員を続けてきた理由を据えた。調査は二時間を要した。
(29) 本節の日教組婦人部が母親と連帯した運動過程の記述は、跡部前掲書第四章第四節を要約している。詳しくは同書を参照されたい。
(30) 木村松子「『女子教育もんだい』（改題「女も男も。」）創刊30周年記念　自立と平等へのあゆみ――『女子教育もんだい』運動と奥山えみ子」労働教育センター編『女も男も』第一一四巻、二〇〇九年、四五頁。跡部前掲書、一二六頁。
(31) 宮崎県教職員組合婦人部・宮崎県高等学校教職員組合婦人部編『子どもと母と女教師と――婦人部運動と母と女教師の会の運動――母と女教師の会二〇周年記念』一九八五年、八一頁。
(32) 宮崎県教職員組合婦人部ほか編前掲書、一二九頁。跡部前掲書、一二〇頁。
(33) 宮崎県教職員組合婦人部ほか編前掲書、一二一頁。京都母親大会準備会編「手をつなぐお母さん――第三回京都母親大会議事録」日教組編『各県教組婦人部資料　一九四八―一九六一（近畿・中国・四国・九州）』一九五七年、一二二頁。和歌山県母親大会実行委員会編「第四回　和歌山県母親大会　速報　第一日分科会」日教組編『各県教組婦人部資料　一九四八―一九六一（近畿・中国・四国・九州）』一九五九年。九州地区母と女教師の会準備会編「第五回　母と女教師の会報告書」日教組編『各県教組婦人部資料　一九四八―一九六一（北海道・関東）』一九五八年。千葉県母と女教師の会共同デスク編「第六回　関東母と女教師の会記録」日教組編『各県教組婦人部資料　一九四八―一九六一（北海道・東北）』一九五九年、五頁。跡部前掲書、一三一―一三六頁。
(34) 木村前掲書、一二頁。跡部前掲書、一二七頁。
(35) 木村のまとめによると、講師には、森昭、丸岡秀子、宗像誠也、山川菊江（ママ）、磯野誠一、海後勝雄が参加して

いた（木村前掲書、一二二頁。跡部前掲書、一二七頁）。
(36) 木村前掲書一三頁。跡部前掲書、一二七頁。
(37) 高知県教職員組合『高知県教組四十年史』土佐出版社、一九八七年、三九三頁。
(38) 木村前掲書、四四頁。跡部前掲書、一三〇頁。
(39) 京都府教職員組合婦人部「第三回 全京都婦人教職員研究集会――討議資料」『各県教組婦人部資料 一九四八―一九六一（近畿・中国・四国・九州）』日教組教育図書館所蔵、一九六〇年、二六頁。跡部前掲書、一三〇頁。
(40) 田中寿美子「母親運動の当面する諸問題」『思想』第四五一号、一九六二年、一一二頁。跡部前掲書、一三一頁。
(41) 大木基子「資料 聞き書き 高知の母親運動（1）」『高知短期大学研究報告 社会科学論集』第五八号、一九八九年、一〇五頁。跡部前掲書、一三一頁。
(42) 宮崎県教職員組合婦人部・宮崎県高等学校教職員組合婦人部編『子どもと母と女教師と――婦人部運動と女教師の会運動母と女教師の会二〇周年記念』一九八五年。跡部前掲書、一三一頁。
(43) 二〇一八年八月C氏・D氏・E氏へのインタビュー調査より。
(44) 兵藤釗『労働の戦後史〈上〉』東京大学出版会、一九九七年、一一九頁。水野秋『太田薫とその時代――「総評」労働運動の栄光と敗退〈上〉』同盟出版サービス、二〇〇二年、一四二頁。
(45) ものがたり戦後労働運動史刊行委員会『ものがたり戦後労働運動史（5）――1955年体制の成立から安保・三池の前哨戦へ（一九五五～一九五九年）』第一書林、一九九八年、一九九頁。
(46) 黒羽亮一『素顔の戦後教育――取材メモから』学事出版、一九七四年、七一頁。水野前掲書、一七〇頁。
(47) 日教組編『日教組三十年史』労働教育センター、一九七七年。
(48) 大木前掲書、一二一頁。
(49) 木村前掲書、一三頁。
(50) 同前。
(51) 日教組編前掲書。

(52)　兵藤前掲書、一九八頁。水野前掲書、一七三頁。
(53)　日教組編前掲書。跡部前掲書、一四三頁。
(54)　日教組婦人部「婦人部報 No.8」『専門部 婦人部報 自一九五四年度 至一九五六年度』一九五四年。跡部前掲書、一四四頁。
(55)　同前。
(56)　日教組婦人部「ぜひ産休補助教員を」『婦人部総会・委員会議案報告資料集 一九五五年度』一九五五年。跡部前掲書、一四四頁。
(57)　小沢・遠藤前掲書、二〇頁。跡部前掲書、一四四頁。
(58)　小沢・遠藤前掲書、二三頁。跡部前掲書、一四四頁。
(59)　詳細は、跡部前掲書。
(60)　日教組婦人部編『日教組婦人部30年史』労働教育センター、一九七七年、一五八頁。跡部前掲書、一五〇頁。
(61)　同前。
(62)　一番ヶ瀬ほか編前掲書、九七頁。跡部前掲書、一五〇頁。
(63)　井上・村松前掲書、五二二頁。跡部前掲書、一五〇頁。
(64)　男性教員が五五歳以上で退職勧奨されるのに対し、女性教員は四七歳から五〇歳以上だった。さらに、校長や教頭の妻である女性教員も、退職勧奨の対象となった（日教組女性部編『日教組女性部50年のあゆみ―たたかいに学ぶ明日に向かって』日本教職員組合女性部、二〇〇〇年、三四頁。跡部前掲書、一五八頁）。
(65)　小学校の場合、一九五八年時点で、男性教員の平均勤続年数が一二・五年なのに対し、女性教員のそれは八・四年である。一九七四年には、小学校男性教員の平均勤続年数が二〇・七年に、女性教員は一六・二年に伸びるが、男女の数値には依然として四・五年の差がある（文部省「学校教員統計調査」。跡部前掲書、一五八頁）。
(66)　二〇一〇年一〇月A氏へのインタビュー調査より。当時の日教組の女性比率は定かではないが、全校種を合わせた女性教員比率は三五・五％から四三・三％の間で推移した（文部省「学校基本調査」）。ただし、日教組加入率が、一九六〇年代に急低下し、一九七五年時点で五五・九%だったため、文部省統計を日教組と同一と捉えるには留意が必要である(跡部前掲書、一五八頁)。
(67) ここでの内容は、跡部千慧「出産後の継続就労をめぐる戦後女性教員史の考察――日教組婦人部育児休業法制化運動と保育所設置運動に着目して」『立教大学ジェンダーフォーラム年報』第二二号、二〇二一年、六一―六七頁の議論を踏まえている。
(68) 木村前掲書、三二頁。
(69) 日教組女性部編前掲書、六七頁。跡部前掲書、一六五頁。
(70) 山田綾子「回顧録 女性教員が働き続けるため13年に及ぶ激しいたたかい」労働教育センター編『女も男も』第一〇四号、二〇〇五年、二五頁。跡部前掲書、一六六頁。
(71) 日教組女性部編前掲書、六七頁。跡部前掲書、一六八頁。
(72) 木村前掲書、一七頁、一五〇頁。跡部前掲書、一七五頁。
(73) 木村前掲書、一五〇頁。
(74) 日教組女性部編前掲書、六八頁。跡部前掲書、一六八頁。
(75) 奥山えみ子「〈日教組〉婦人教職員の育児休暇制度について」『労働経済旬報』第六四九号、一九六六年、一二頁。跡部前掲書、一六八頁。
(76) 跡部前掲書、二〇二一年。
(77) 北岡照子「『休職制』ではなく保育所づくり育児条件の確立に全力を」『教育評論』第一八一号、一九六六年、六四頁。跡部前掲書、二〇二一年、六四頁。
(78) 同前。
(79) 北岡前掲書、六五頁。跡部前掲書、二〇二一年、六五頁。
(80) 二〇一九年五月F氏へのインタビュー調査より。跡部前掲書、二〇二一年、六五頁。
(81) 厚生省児童局保育課『保育所の運営』第三回全国保育事業研究大会事務局、一九五四年。跡部前掲書、二〇二一年、六五頁。
(82) 外崎光広『高知県婦人運動史』高知市立市民図書館、一九七一年、二三四頁。
(83) 同前、二三五頁。
(84) 同前、二三九頁、二四〇頁、二四二頁、二四三頁、二四六頁、二四八頁、二五〇頁。
(85) 詳細は、跡部前掲書。
(86) 跡部前掲書、二〇二一年。
(87) 金井前掲書、三五頁。辻岡前掲書、六二頁。
(88) 木村松子『戦後日本の女性教員運動と「自立」教育の誕生――奥山えみ子に焦点をあてて』学文社、二〇一七年。
(89) 同前、一七一頁。
(90) 同前、一七六頁。
(91) 同前、一七七頁。
(92) 同前、二二四頁。
(93) 同前、二二六頁。
(94) 同前、二二七頁。
(95) 同前、二二八頁。
(96) 同前、二〇六頁。
(97) 同前、二六七頁。
(98) 二〇一〇年一〇月A氏へのインタビュー調査より。
(99) 小笠原政子ほか「座談会　婦人教師の育児――家庭責任と学校責任の両立のために」『教育評論』第二三二号、一九六九年、二〇頁。
(100) 一番ヶ瀬ほか編前掲書。
(101) 二〇一六年八月のインタビュー調査より。

(102) 同前。

謝辞

本稿は公益財団法人家計経済研究所の二〇一四年度研究振興助成、および二〇二〇年度立教大学コミュニティ福祉研究所プロジェクト研究Ⅲによる助成を受けた研究成果である。

Ⅳ　民青系学生運動から見た東大闘争

――一〇項目確認書に着目して――

小杉　亮子

はじめに――一九六〇年代の社会運動における新旧という問題

本稿の目的は、一九六八年から一九六九年にかけて東京大学で起きた学園闘争である「東大闘争」を、従来その主役として見られてきた東大闘争全学共闘会議（以下、東大全共闘）に集った学生たちではなく、東大全共闘の敵手だった日本共産党および日本民主青年同盟の学生たちの視点から捉え直すことにある。一九六〇年代後半には学生運動――ここには大学を舞台とする学園闘争や、路上やキャンパスでのベトナム反戦運動などが含まれる――が広がりを見せ、とりわけ一九六八年から一九六九年にかけて高揚した。本稿で取り上げる東大闘争は、そのなかでも、メディアや政府が注視するとともに、他大学の学生運動への影響力が大きかったという点で、日大闘争とならんで重要な事例である。

一九六〇年代の学生運動は、六〇年安保闘争や一九六二年の大管法闘争、一九六五年の日韓闘争から六〇年代末の学園闘争まで、参加した学生や運動組織、運動の思想といった面で連続性を持っていた。さらに、当時の学生運動文化は一九一〇年代から形成されてきたものだった(1)。

しかしながら、一九六八年から一九六九年にかけてのできごとは、このような学生運動の連続性からは切り離され、近代日本の学生運動史のなかでも突出した現象として描かれてきた。たしかに、この二年間に発生した学生運動の件数や規模は実際に多大だった。学園闘争について見てみれば、一九六八年に四年制大学三七七校のなかで授業放棄・ストライキ・施設の封鎖占拠のいずれかが発生した大学は一二七校（三三・七％）にのぼり、一九六九年にはこの数字が一五三校（四〇・六％）へと増加している(2)。

しかし、一九六八年から一九六九年が前後の学生運動史とは質的に異なる時期として認識されてきたのは、抗議活動の規模や多さに加えて、当時の学生運動の質的な新しさがとりわけ注目されてきたことによると思われる。この傾向は、第一に、当時の学生運動にかんする議論における「新左翼」への注目として表れてきた。「新左翼」とは、一九五〇年代半ばから、日本共産党や日本社会党が主導する社会主義運動に批判的な若者たちが社会主義運動の刷新をめざして形成していった小党派の総称である(3)。一例としては、一九五八年に日本共産党の東大細胞から学生活動家たちが離反して結成した共産主義者同盟（通称ブント）が挙げられる。

新左翼に注目した論考には、たとえば絓秀実による『１９６８年』がある。絓は、一九六〇年代後半の学生運動が持っていた、同時期に世界各国で起きていた若者による社会運動との共通性を、日本における新左翼運動と思想、およびその限界から論じた。絓は「一九五六年のスターリン批判を契機に、世界的に新左翼と呼ばれることになる思想潮流が登場し、日本でも、国民的な盛り上がりをみせた六〇年安保闘争をへて、六〇年代にはその思想的・文化的ヘゲモニーが決定的なものとなっていった(4)」と述べたうえで、日本の新左翼には、ナショナリズムや植民地主義、自民族中心主義という限界があったと指摘する。

第二に、一九六〇年代後半の学生運動は「新しい社会運動」への転換点としても位置づけられてきた。「新しい社会運動」論は、フランスで一九六八年に起きた五月革命にかんするアラン・トゥレーヌによる社会学的分析から生まれた議論である。トゥレーヌは、それまでの労働運動中心の社会運動とは異なる、エコロジーやフェミニズムといった「脱工業化の社会」における新たな争点をめぐる「新しい社会運動」の登場を五月革命が告げた、と論じた。(5)「新しい社会運動」と見なされる運動には、学生運動やフェミニズム、環境運動やマイノリティの運動などが入る。(6)

日本でも新しい社会運動論の影響は大きく、これまで一九六〇―七〇年代の社会運動は新しい社会運動との関係性のなかで論じられる傾向にあった。たとえば、社会学者の小熊英二は、一九六〇年代後半の学生運動に参加した若者たちが、一九七〇年代以降に、マイノリティ差別や戦争責任問題、女性解放、障害者問題、環境問題といった新しい社会運動的なイシューに活動の場を移していったとし、これを、一九七〇年から一九七一年にかけて日本の社会運動で起きた「パラダイム転換」の表れのひとつとして位置づけた。(7)そして、この変化を、一九六〇年代後半の学生運動の参加者たちが運動退潮期に目標の「『補充代位』」もしくは「取り替え可能な『道具立て』」(8)を発見したに過ぎなかったとした。小熊は一九六〇年代後半の学生運動が新しい社会運動形成の契機だったと位置づけつつ、それを否定的に評価したといえる。(9)

一九六〇年代後半の学生運動を新しい運動への画期として強調する見方は、ある程度は運動の実態に即していると考えられる。しかし、一九六〇年代後半の学生運動にかんする記述の中心に、新しい社会運動に連続していったと思われる新左翼や全共闘派の学生たちが置かれる一方で、このような新しい要素と対照される「古い」運動にたいする関心が薄れ、歴史記述のなかで後景化してきたのではないか。(10)

一九六〇年代後半の学生運動のなかで「古い」運動とされてきたのは、なにより、日本共産党およびその指導下にある日本民主青年同盟（以下、民青）で、党員や同盟員として積極的に活動したり、あるいは所属はせずともシンパだった学生たち（以下、民青系学生）による運動である。実際、前述した絓や小熊の著作では、民青系学生による運動は、記述されないか、あるいは全共闘や新左翼の動きを説明するさいの背景や要因として言及されるに留まる。

しかしながら、日本共産党および日本民主青年同盟に集った学生たちの運動は、一九六〇年代の社会運動のなかの「古い」運動というより、同時代の運動として捉えることが可能な存在である。一九六四―六六年に民青系全学連の委員長を務め、一九六八年当時は民青の中央常任委員だった川上徹によると、一九六四年に民青系全学連に加盟していた自治会は七一大学・一二九自治会であり、一九六五年には七九大学・一五八自治会、一九六六年には八二大学・一七四自治会と増えていた(11)。民青を指導する日本共産党もまた、一九六〇年代に急激に組織を拡大していた。一九六一年の党員数は四万八千名だったが、一九六六年には二八万三千名、一九七〇年には三〇万名となっている(12)。この数字から見れば、民青系学生たちによる運動は、一九六〇年代当時も「古い」運動などではなく、大きな存在感を発揮していたはずである。実際、本稿で見ていくように、東大闘争では民青系学生たちの動向が闘争の帰趨に決定的な影響を与えた。そこで本稿では、これまでより新しい運動に注目して描かれる傾向にあった一九六〇年代の社会運動を「古い」とされてきた運動の側から捉え直すべく、一九六〇年代後半の学生運動における重大事件である東大闘争を取り上げ、民青系学生の運動に着目してその経過をたどったうえで、民青系学生にとっての東大闘争の意味を考察したい。

そのさい、本稿では、東大闘争の終盤である一九六九年一月一〇日に、民青系学生たちが主導して大学執行部と学生のあいだで取り交わされた「一〇項目確認書」に着目する。近年、民青系学生たちによる東大闘争の記録集や回顧が多く出版されている(13)。これらの書籍の内容は一様ではないが、東大闘争を大学自治をテーマとする闘争として位置づけ、一〇項目確認書を闘争の成果とする姿勢が共通している。本稿で見ていくように、東大闘争では、制度的な勝利を収めたのは東大全共闘の学生たちではなく民青系学生たちだったといえる。しかし、東大全共闘の学生たちの

「一〇項目確認書」にたいする関心は低く、また、民青系学生が勝利したという認識も一般的なものとはなっていない。そこで、民青系学生たちが獲得した成果とされる一〇項目確認書に着目することによって、東大闘争における制度的勝利が民青系学生にとって持つ意義とその限界を明らかにできると考えている。

以上の目的のため、本稿では主な資料として、筆者が実施した、東大闘争参加者・関係者（学部生、院生、教員、他大生）にたいする聞き取り調査から得られたデータを用いる。また、東大全共闘派の元学生たちが一次資料を収集・保存・公開してきた成果である『東大闘争資料集　DVD増補改訂版』（68・69を記録する会）も用いる。なお、この資料集には、民青系学生たちによるビラやパンフレットも多数収録されているだけでなく、大学執行部や教員、各学部教授会等によって発行された文書も収められている。あわせて、東大闘争当時に教員間で情報を共有するために発行された「資料」を収録した東京大学弘報委員会編『東大問題資料2　東京大学弘報委員会「資料」1968.10–1969.3』（東京大学出版会、一九六九年）や、東大全共闘や日本民主青年同盟東大全学委員会が当時刊行した書籍、および民青系学生が近年に発表した東大闘争にかんする記録も用いる。

以下、一章では、民青系学生たちの動向を中心に東大闘争の前史と経過をたどる。ここでは、民青系学生にとって東大闘争は、それまでの運動の延長線上に位置づけられる、大学の自治をめぐる闘争だったことを確認したうえで、民青系学生と東大全共闘の対立激化を中心に東大闘争を記述し、民青系学生たちが制度的勝利を追求した一方で、東大全共闘派の学生が制度的勝利への関心を薄れさせた過程を明らかにする。二章では、東大闘争で最終的に民青系学生たちが獲得した一〇項目確認書を検討し、東大闘争における民青系学生の制度的勝利と質的挫折について、東大全共闘の運動論と対比させながら考察する。最後に、一九六〇年代後半の学生運動を民青系学生たちも視野に収めつつ理解するにあたってのさらなる課題を提示する。

一　民青系学生たちから見た東大闘争の経過

（1）東大闘争前史

まず、東大闘争に至るまでの日本共産党および日本民主青年同盟と学生運動との関わりを簡単に確認しておきたい。一九四〇年代後半の敗戦直後期における学生運動は、戦犯教授の追放や自治会建設、植民地からの引き揚げ者や生活困難な学生への救援運動を各大学の学生がバラバラに行っている状態だったが、各大学・高専でじょじょに学生自治会がつくられていくと、大学を越えた自治会連合を結成する動きが生まれた[14]。一九四六年一〇月には関東地方の自治会連合として全国学生自治会連合が早稲田大学を拠点に結成され、同時期に関西で関西自治連がつくられた。また、一九四七年一一月には東大の学生自治会中央委員会を中心として全国国立大学学生自治会連盟がつくられた[15]。こうした自治会の連合組織が土台となって一九四八年六月、国立大学授業料の三倍値上げとＧＨＱ大学新制度案に反対する全国的な学生ストライキが展開され、これをきっかけとして東大の学生たちが主導して、同年九月に全日本学生自治会総連合（以下、全学連）が結成された[16]。

このとき、初代全学連委員長の武井昭夫が認めるように、武井自身も含め、当時の全学連のなかで目立って活動していた学生の多くが共産党員だった[17]。そのため東大闘争当時に至るまで、日本共産党の方針や動向が学生運動に「強い、かつ大きな影響[18]」を与えることになった。また、この時期に日本共産党の青年組織として日本民主青年同盟が結成され、共産党員の活動家学生は単に大学自治会で活動するだけではなく、民青に所属することによって共産党との関係のなかで個別大学における活動を進めていくことになった[19]。

一九五〇年代半ばになると、学生運動に変化が起き始める。まず、民青がほぼ独占的に学生運動を担っていた戦後初期の状態にたいし、既存の社会主義運動を批判し、これを刷新しようとする若者たちによって新左翼党派群が形成されていった。新左翼は、当時全学連主流派だったブントを中心として六〇年安保闘争の高揚に大きく寄与することになった[20]。さらに東大では、六〇年安保闘争のなかで社会主義運動とも政治党派とも関わりを持たない学生運動も生まれていた。それまで、支持党派を持たない学生たちは「ノンポリ」（nonpolitical）、すなわち「非政治的」な存在と見なされていたが、六〇年安保闘争で東大のノンポリの学生たちはいずれの党派にも動員されることなく、主体的に国会までのデモをおこなった[21]。このようなノンポリの学生たちは、東大闘争時にはノンセクト（nonsect）、すなわち「非党派」と呼ばれるようになっていた。

こうして、一九六〇年代後半の東大キャンパスにおける学生運動は、大きく三層に分かれた状態になっていた。民青系学生による運動、新左翼党派の同盟員やシンパの学生（以下、新左翼系学生）による運動、そしてノンセクト学生による運動である。そして、東大闘争では、新左翼系学生とノンセクト学生が東大全共闘として共闘する一方で、民青系学生たちは東大全共闘と対立しながら独自の運動を進めることになった。

（2）大学の自治を変えるための運動

東大闘争は、ベトナム反戦運動と連動しつつ、一九六八年一月ごろより、東大医学部の学生たちによるインターン制度反対闘争として始まった[22]。東大医学部では、一九六八年一月に全四学年がストライキを開始し、医学部生とすでに卒業して研修医になっている研修生たちがいっしょになって「医学部全学闘争委員会」（以下、全学闘）を結成していた。このストライキの過程で、一九六八年三月一一日、医学部教授会は活動家学生を主な対象に、退学処分五名を含む合計一七名という過去に類例のない大規模な処分をおこなった（以下、医学部処分）。さらにそれは、被処分者への事情聴取をせずに決定されたという手続き上の瑕疵があっただけでなく、処分された学生のうち一名は処分理由とされた事件の現場にいなかったことがあとになって判明するという、非常に杜撰な処分でもあった(23)。そのため、全学闘とそれを支援する「医闘争支援全東大共闘連絡会議」が医学部処分の白紙撤回を求めて卒業式阻止闘争などをおこなうなど、インターン制度だけでなく、医学部処分をめぐっても学生たちは抗議をしていくことになった(24)。

このような医学部の緊張状態を民青系学生たちも認識していただけでなく、全学規模の闘争が発生することを予測し、準備態勢にあった。民青系学生として積極的に活動していたJ（一九六八年四月時点、教養学部前期課程三年）は、次のように語る(25)。

ちょうど僕が〔多忙な民青の活動が原因で〕倒れちゃった頃に医学部の学生に対する不当処分があったわけです。当時、医学部はブント系と民青系と、ノンセクトもたくさんいて、これがいっしょに「医学部〔全学〕闘争委員会」をつくってやってたわけですよ。考え方の違いはあるけども、クラスごとに統一してやってたんですよ。ところが処分が出て、これをどうするかということで闘争の方向について、ブント系と民青系に分裂するということになって、これを契機に、ブント系が独自行動として戦術をレベルアップするという動きがあった。……それで共産党としては、これは相当大きな全学的な問題になる、だから全学的な闘争方針をつくんなきゃいけないっていうんで、いろいろ検討をした。病気で寝てたんで、僕はその討議には参加してないんですけど、検討した結果、東大全学規模の学園闘争が大きく起こる状況になってるという判断がなされた。それで、のちに僕が方針を伝達されたとき、卒業式粉砕闘争の頃に「東大闘争」って言葉をすでに使ってたんですよ、「東大闘争が始まる」っていうふうに。で、これは何年かの長期にわたることになるから、準備をしなきゃいけないと(26)。

そして、東大闘争に備え、このときに東大の共産党と民青の組織が改変されたという。それまで本郷総細胞・総班と駒場班・細胞は、別々の組織としてそれぞれの地区委員会に所属していたが、これが合同し、東京都委員会直属になったのである。正式名称はそれぞれ「日本共産党東大党委員会」「日本民主青年同盟東大党委員会」といった。Ｊは、民青の指導部に入った(27)。

ここで確認しておきたいのは、医学部処分にたいする抗議活動が、民青系学生たちによってこの時点ですでに大学自治をめぐる運動として位置づけられていた点である。たとえば、民青系学生たちが掌握していた学生自治会中央委員会をはじめ、日本共産党・日本民主青年同盟系だった東大職員組合、大学院生協議会、生協理事会、生協労働組合、好仁会労組、東大寮連による「東京大学七者連絡協議会」が一九六八年四月に配布したビラでは、この時点での民青系の要求として、「一、医学部不当処分白紙撤回、評議会は処決定（原文ママ）をとり消せ」を掲げつつ、「七、全学の団結で大学自治をまもり、大学の民主化をかちとろう」も挙げられている(28)。これ以降、民青系学生たちは繰返し大学自治をキーワードとして唱えていく(29)。

一九六八年六月一五日、医学部処分の白紙撤回などを要求して、ブント系の全学闘と学外からやってきた全日本医学生連合の学生たちが本郷キャンパスの安田講堂を占拠した。これにたいし、六月一七日、東大総長大河内一男は安田講堂を占拠する学生たちを排除するために、機動隊を学内に導入した。警察力をキャンパスに入れて学内問題の解決を図ることは、当時の学生たちの感覚からすればキャンパスの自治と自律性を侵す暴挙であり、東大の学生たちに与えた衝撃は大きかった。これ以降、抗議活動が全学に波及していく。しかし、学生運動の活動家として経験を積んでいた民青系学生たちにとっては、医学部処分やそれをめぐる卒業式闘争などによって大学内の情勢は不安定になっていたことから、これはある程度予測された事態だった。前述のＪは、次のように語る。

最初は医学部の学生たちが時計台占拠したでしょ。そのときに「これは機動隊入るな」と思った。で、「機動隊が入ったら全学ストライキだ」とはじめっから僕たちは決めてたんですよ。学生は絶対ついてくる。しかも、そのときに東大の僕らの指導をやってる共産党東京都委員会の青〔年〕学〔生〕対〔策〕の人は完全にやれ、やれっていう姿勢だったから、僕たちは、いわば機動隊が入るのを待ってたんですよ。

Jが「学生は絶対ついてくる」と考えていたとおり、異議申立ての動きは、学生運動に積極的に関わってきた学生だけでなく、それまで政治的にアクティブではなかった学生にまで急速に広がっていくことになる。六月二〇日には、民青、新左翼、ノンセクトの学生たちが安田講堂前で統一集会を開いた(30)。この集会では、民青系学生と反民青系学生の対立から今後の闘争方針を決めるには至らなかったが、重要な点は、あとで東大全共闘を形成する新左翼系およびノンセクト学生たちと民青系学生たちとが共同で集会を開催しえたことである。この時点では、東大全共闘と民青の対立はそこまで深刻ではなかったのだ。

七月はじめには、ノンセクト学生と新左翼系学生たちが糾合して安田講堂を再占拠し、東大闘争全学共闘会議を結成した。東大全共闘は大学執行部に対し、医学部処分白紙撤回、機動隊導入自己批判などの「七項目要求」の実現を求めていくとした(31)。

こうした東大全共闘の動きにたいし、民青系学生たちも独自の異議申立てを展開し、東大全共闘とは対立しながらも学生によるストライキを推進した。そして、一九六八年夏に「四項目要求」をまとめた。表現はビラやパンフレットによって多少の異同はあるが、内容は以下のようなものだった。

一、機動隊導入責任糾弾

＊機動隊導入の事実経過と責任を明確にせよ
＊今後、警察権力導入による「紛争解決」の試みを放棄する事を確約せよ
＊総長は以上を責任をもって実行した後辞任せよ
二、医学部不当処分白紙撤回
＊医学部不当処分を白紙撤回せよ
＊医学部教授会は責任をとれ
三、大衆団交権・学生の民主主義的権利を認めよ
＊自治会中央委員会を「承認」し、交渉権を認めよ
＊学生の自治会の正当な権利を認めよ
四、大学運営民主化のために全学・各学部協議機関を設置せよ(32)

このうち、第四の要求は、東大闘争までに積み重ねられてきた民青系学生の運動の延長線上にあり、とくに重要な項目だった。全学協議機関と各学部の協議機関は、教員だけでなく学生や職員の代表も参加するものとして構想されていた。前述のJは次のように語る。

僕たちには、この東大闘争を学生自治の運動、大学の自治を変えていく運動としてやんなきゃいけないっていう位置づけがあるわけですよ。それともうひとつは、これを長期的にやろうっていう構えがあった。この闘争だけで決着のつくことじゃない。……そのためには、今回の闘争を通じて、大学の管理運営にたいしてなにか楔を打ち込んどかなきゃいけないと。それで〔運営〕協議会ってのが出てきたんですよ。大学を構成してる各階層の

代表が集まって自己統治するという意味で「全構成員自治」って僕らは言ってたんだけど、その橋頭堡としてこの闘争で全学〔運営〕協議会までもっていこうということになったわけなんです。で、中身にかんする構想はまだ具体化されていなかった。……ただ、全階層参加の協議機関をつくれと。で、大学自治の問題はそこで協議するようにしろってことしかなかった。

「全構成員自治」というスローガンは、大学の自治的な運営に教員だけでなく学生と職員も参加する権利を求めるもので、東大闘争で民青系学生たちなどによって配布されたビラに、多少表現を変えつつ、登場していた。[33] この全構成員自治を求める運動の一環として東大闘争を位置づける民青系学生たちの姿勢は、東大闘争以前の民青系の学生運動から一貫したものだった。それは、全学連結成期にまで遡る。

一九四六年、連合国軍最高司令官マッカーサーの委嘱によって米国教育使節団が来日し、日本の教育制度改革にかんする提言をおこなった。米国教育使節団は、GHQ内の教育担当課だった民間情報教育局とともに、日本の教育改革について検討した。民間情報教育局は「大学理事会法案」を作成して文部省に渡し、文部省はこれを一九四八年に「大学法試案要綱」として発表した。この試案では、各大学に管理委員会を置き、これに広範かつ決定的な権限を与えるとされた。管理委員会のメンバーは、国家代表三名、府県代表三名、同窓会代表三名、教授代表三名、学長とされ、教員側の代表者はごく少数に留められていた。さらに、教授会の権限はごく限定的なものとされていた。これにたいし、各大学で激しい反対が起こっただけでなく、各大学の評議会や日本学術会議、日本教職員組合、そして結成されたばかりの全学連がそれぞれ対案を出すかたちで反対運動を展開した。[34]

全学連が一九四八年一一月に出した対案の内容は、①中央機関として中央大学委員会を設け、全国一区で公選された三〇名の委員より構成する、②各大学の大学自治評議会は教授代表（各教授会議、各研究室・教室・研究所会議で選出）、職員代表（各職員会議で選出）、学生代表（各学部学生・大学院生から直接選挙で選出）により構成する、③各学部の学部自治評議会を大学自治評議会に準じた構成で設置する、④大学学費は全部国庫負担、授業料は徴収しない、などだった。[35]②は、大学の運営を教授会に託すのではなく、教員・学生・職員それぞれから選出された代表が構成する協議会によって担うという構想であり、東大闘争での四項目要求の第四項目「大学運営民主化のために全学・各学部協議機関を設置せよ」と共通している。前述したように、初期の全学連の活動家の多くは日本共産党員でもあった。つまり、東大闘争における四項目要求、とりわけ第四項目は、大学の自治的な運営を教員を中心とするものから学生と職員もそこに参加するものへと改革することを目標としてきた、それまでの民青系学生運動の方針から出てきた要求だったのである。

夏休みが終わった九月、民青は四項目要求を発表した。この後、民青系学生たちは四項目要求を大学執行部に認めさせることを最終的な目的として、全学ストライキを実現させるという方針をとっていくことになった。[36]

（3）民青と東大全共闘の対立の深まり

一九六八年夏の時点では、大学が七月には夏休みに入ったこともあり、秋以降ほどには東大闘争は緊迫していなかった。しかし八月一〇日に東大執行部が、一連の問題解決に向けた「最終方針」とうたった「八・一〇告示」を発表し、帰省中の学生にも周知できるよう全学生の自宅に郵送したことによって、学生と教員たちのあいだの対立が深まった。

八・一〇告示の内容は、民青と東大全共闘双方の学生たちが求めていた、医学部処分の白紙撤回については「発効以前の状態にもどす」措置に留まり、機動隊導入については「およそ大学がその自治の理念にかんがみ、警察力の導入を極力避けるべきことはいうまでもない」とはしつつ、「大学機能の速やかな回復を必要とする事情に基づくものであった」と正当化するものだった。そして、「本学は、問題の根本的解決を目指して、以上のような方針を決定した。学生諸君は、この最終決定の意味を十分考え、一日も早く、安田講堂その他の占拠、学部でのストライキという異常な事態を克服し、正常な勉学生活にもどってもらいたい」と、最終方針として受け入れることを一方的に要求した。(37)

東大全共闘も八・一〇告示を厳しく批判したが、大学の運営にたいする学生の権利を求める運動の一部として東大闘争を捉えていた民青系学生たちにとって、告示の内容はけっして満足できるものではなかった。むしろ、この告示によって、当時の東大総長である大河内一男にたいする幻滅が深まり、大学執行部との対立が決定的になったという。(38)民青系学生のG（一九六八年四月時点、文学部三年）によれば、八・一〇告示が出たあとすぐに、告示による闘争の収束を防ぐことを目的としたオルグの指令が出た。指令は、夏期休暇で帰省予定がある学生は帰省先で知り合いの東大生を訪ねるように、また地方に帰省している東大生が東京に戻ってきたらすぐにオルグするようにという内容だった。(39)

夏休み前にすでに文学部が六月二六日に、教養学部が七月五日に、それぞれ無期限ストライキに入っていたが、夏休み後の九月から一〇月にかけて、そのほかの学部でも断続的に時限ストライキがうたれたのち、無期限ストライキに入っていった。そして、一〇月一二日に法学部が無期限ストライキを学生大会で可決したことによって、東京大学全一〇学部が無期限ストライキにある事態となった。民青系学生は、一〇学部のうち教育学部で無期限ストライキを主導した。(40)

そして、この時期に、東大全共闘派の学生たちによって提案され始めていた「全学バリケード封鎖」方針が民青系学生たちにとっては受け入れがたかったことが、全共闘と民青の対立をさらに深めた。(41)実際に本郷キャンパスの文学部事務や医学部赤レンガ館、駒場キャンパスの教養学部一号館が全共闘派の学生たちによってバリケード封鎖され、全共闘派学生と民青系学生との対立は深刻化していくことになった。

そして一一月になると、民青系学生と東大全共闘派学生の対立は決定的になった。要因は大きく二つあった。第一に、一一月一日に東大総長を辞任した大河内一男に代わって、法学部の加藤一郎教授が総長代行に就任し、新しい執行部が誕生した。新執行部はさっそく一一月四日に、大学執行部と学生の代表による「全学集会」の開催を次のように呼びかけた。

われわれは、一一月中旬をめどとしてできるだけ早い機会に全学集会をもち、全学的な問題点について、学生諸君との討論を通じて紛争の解決をはかりたいと思います。全学集会を開くためには、議長団の構成、集会のもち方などについて、あらかじめ合意が成立することが必要です。この点について学生諸君は代表を決め、至急学生委員会と話合いをはじめてほしいと思います。(42)

これにたいして、全共闘と民青は「全学大衆団交」の実施を求めて、別々に大学執行部との交渉を進めていったため、全学集会をめぐる主導権争いが起きた。民青系学生たちの反応は素早く、一一月一〇日には、民青が掌握していた大学院自治会や教育学部自治会、東大職員組合などによってつくられた「統一代表団準備会」が、一一月一五日ごろに四項目要求などを議題に全学大衆団交をおこないたいと申し入れている。(43)

東大全共闘も一一月八日に七項目要求にかんする全学大衆団交を安田講堂でおこないたいという申し入れをしたものの、大学執行部はあくまで学生の代表による全学集会の開催を望んでいた。これは、対話を望む全ての学生が参加することによって成立する全学大衆団交とは、大きく性格が異なるものだった。そのため、一一月一一日には東大全共闘は全学バリケード封鎖へと戦術をより激化させることを決定している。その後も、東大全共闘と大学執行部の交渉は続いたが、大学執行部が全学大衆団交を受け入れなかったことから、一一月一八日の公開予備折衝をきっかけに、東大全共闘は大学執行部との交渉決裂に至る。(44)

民青系学生と東大全共闘派学生の対立を決定的なものにした第二の要因は、ストライキの長期化を懸念した日本共産党が、民青系学生たちの運動に強力に介入するようになったことである。一一月九日に日本共産党の宮本顕治書記長が党本部で定例記者会見を開いた。宮本はそこで「当面する大学問題の解決のために――日本共産党の主張」と題して、学園闘争にかんする同党の見解と方針を発表した。(45) そこでは、以下の五点が方針として挙げられた。

(一)大学当局が、緊急に、直接の紛争問題の処理と責任を明確にし、学生は正々堂々とたたかうこと
(二)全学協議会の確立と大学の管理運営の民主化
(三)大学の自治を内部から破壊するトロツキスト、分裂主義者の影響を学生運動から克服すること
(四)政府、文部省、警察と米軍、自衛隊の干渉・介入に反対し、学問の自由と大学の自治を守ること
(五)大学予算の大幅増額と教育・研究条件の抜本的な改善(46)

ここでも、(二)の「全学協議会の確立と大学の管理運営の民主化」として、学生や職員が大学の自治的な運営に参加することが運動の方針として掲げられたことを確認しておきたい。民青系学生にとっては、(三)で東大全共闘が批判され、学生運動からの克服、すなわち排除が方針として明示されたことも重要だった。突然方針転換を知らされた民青系学生たちの側でなにが起きていたかを、東大の民青系学生運動の中心にいたT(一九六八年四月時点、理学部四年。民青東大全学委員長)とJの語りから見ていこう。

T　われわれの書いたビラも突然回収させられたしね。「これは極左的だ」と言われて。まあたぶん、トータルに見ればたぶん共産党の中央が正しかったかも。われわれとしてはもうちょっと攻め〔よう〕と思ったんだけど。「これは限度だ」と、簡単に言えば「手を打つべきだ」と〔指導されたんです〕。「これ以上は本当に自民党が介入して、あるいは警察が介入してくる。もうここは潮時だ」と、まあ、簡単に言えばそうですよ。われわれはそんなことはないと思ったけども、共産党の中央の権限は絶対的だから。ある夜、集められて、「これは党の最高〔指導部〕の決定だ。従え」って言われて。そのあたりから、〔民青が発行する〕ビラの印刷の形態が変わったんでね。われわれの自力でやってる〔ビラを配る〕んじゃなくて、たとえば紙の横がギザギザ〔になってい〕るんですよ。それはもう、明らかにあかつき印刷っていう共産党の〔印刷所〕が作る〔ビラだ〕から(47)。

J　なんたることか、共産党中央の直接指導が来たんです。「お前らはダメだ。お前らがつくった東大闘争勝利行動委員会は解散だ」と、それで東大闘争をすぐに収拾しろという指令が来てね。東大を指導していた都委員は交代させられたわけです。学内指導部は交代させられなかったけども、そこに中央や都の幹部がくっついてきて、手取り足取り「これはだめ、あれもだめ」「これやれ、あれやれ」っていうことになって。……だから、東大では実質上党組織が分裂状態になったんですよ。つまり、中央についた部分と、それからかつての方針のままやろうとしてた部分が、組織的にはそのままでしたけれど、行動においては分裂したんです。そのために非常にやりにくかった。

二人の語りからは、日本共産党の指導が突然であったことがうかがえるだけでなく、そうした指導にたいして、民青系学生たちが唯々諾々と従ったというよりは、異論を持ち、抜け道を探しながら、日本共産党・民青という組織の枠内で行動していたことがわかる。こうした状況のなかで選択された苦肉の方針が、無条件での早期解決を求める日本共産党にたいして、四項目要求の実現と大学民主化を引き続き要求するなかで解決のめどを立てるという方針だった。

この後、民青系学生たちは、東大闘争の終結へと動いていった。具体的には、一一月一九日に統一代表団準備会と大学執行部が公開予備折衝をおこない、ここで「各学部学生及び各系院生の自治組織から民主的手続きにより選出された代表によって構成する」学生・院生の代表団が全学集会に参加することが決定された[48]。これ以降、民青系学生とストライキに反対する無党派学生が連携して、各学部で学生大会を開いて、代表団選出とストライキ解除を決議しようとする動きが生まれていった。

最終的には、年が明けた一九六九年一月一〇日、民青系学生たちと無党派学生たちによって結成された代表団と大学執行部によって、秩父宮ラグビー場で集会が開かれることになる。代表団を選出したのは、東大の全一〇学部中、教養学部、法学部、経済学部、教育学部、工学部、農学部、理学部の七学部だったため「七学部代表団」と呼ばれ、集会も「七学部集会」という名称となった[49]。この集会では、「一〇項目確認書」が取り交わされ、民青系学生たちにとっては東大闘争の制度的決着をつけるかたちとなった。そして、七学部集会以降、一月一一日には教育学部、理学部、農学部、一三日には薬学部、一四日には工学部と、各学部の学生大会でストライキ解除が決定されていった[50]。

急速に東大闘争の終結へと動いていった民青系学生たちにたいし、前述したように東大全共闘は大学執行部との交渉がすでに決裂していた[51]。また、一一月以降は、民青系学生と東大全共闘派学生のあいだで実力行使をともなう衝突が激化しており、暴力的衝突の激化は、東大全共闘派の学生たちの民青にたいする怒りと反発を深め、民青系学生が主導している交渉過程から全共闘派の学生たちを遠ざけた[52]。さらに言えば、次節で詳しく述べるように、東大全共闘派の学生たちの認識では、七学部集会の開催と一〇項目確認書の締結によっては、医学部処分や機動隊導入といった問題は解決しえないものだった。そのため東大全共闘派の学生たちは、七学部集会以降も安田講堂をはじめとした建物の占拠を解かずに、異議申立てを続けた。しかし、一月一八日から一九日にかけて本郷キャンパスに機動隊の大規模な導入がおこなわれるなどして、東大全共闘派の学生たちはキャンパスから排除され、東大はじょじょに従来の日常的運営を取り戻していくことになった。

ここまで民青系学生たちの動向を中心に東大闘争の経過を見てきたが、東大闘争において、民青系学生たちは敵手である大学執行部と東大全共闘に勝利したといえるのだろうか。七学部集会を開催し一〇項目確認書を大学執行部と締結したことは、民青系学生たちにとって制度的な成果の獲得を意味する。また、一九六九年一月以降は、機動隊による排除を経験し、今後の方向性について苦闘と模索をすることになった東大全共闘の学生たちとは異なり、民青系学生たちは自分たちが主導するかたちでストライキを解除していきもした。しかし、これまで、民青系学生たちの運動は東大闘争の主役としては見なされてはこなかったし、民青系学生たちが勝利したとも語られてこなかった。そこで、次章で一〇項目確認書に焦点を定め、東大闘争のこのような帰結をどのように評価できるかについて考察したい。

一　民青系学生たちの制度的勝利と質的挫折

（1）一〇項目確認書の意義

まず、一〇項目確認書の内容を確認しよう。確認書は、一〇の大項目に分かれ、大項目はそれぞれ一から五の小項目から成っている。七学部集会では、各学部から選出された代表者が小項目ごとに賛成を示す署名をすることになっていた。そのため、大学執行部側は全項目に署名をしたものの、学生側は一部の学部が署名を拒否した項目もあった。七学部集会後の手続きとしては、署名した確認書を、教員側は評議会と各学部教授会に、学生側は学生大会などの各学部の決定機関に持ち帰って批准することになっていた。そのうえで、二回目の全学集会を開き、各決定機関で賛同が得られた事項のみ、学生と大学執行部の双方を拘束する正当性を得ることとされた(53)。

冒頭で触れたように、民青系学生たちにとって、一〇項目確認書は東大闘争の成果として位置づけられてきた。それは、東大闘争以前からの民青系学生運動のテーマだった、大学の自治への学生参加に踏み込んだ内容だったためである。まず、大項目四「今後の処分制度」で、学生処分制度の見直しが掲げられた。新しい処分制度では、教員から学生にたいして「教育的処分」をおこなうという認識を改めるとともに、学生・院生の正当な自治活動への規制となる処分や一方的処分はおこなわないとされた(54)。

大項目九「学生・院生の自治活動の自由について」では、「矢内原三原則」の停止が挙げられた。矢内原三原則とは、一九五二年のポポロ事件(55)を受け、当時東大総長だった経済学者矢内原忠雄が打ち出し、その後東大における慣行となったもので、「学生大会で議決された内容が、大学の授業計画を乱すおそれのある場合には、大学は当然その実行を禁止する。更に、大学のこの方針に反する行動をとることを学生大会で議決してはならない。したがって、自治会委員が自ら学生大会の議題としてこのような提案を行なう（原文ママ）ことは勿論、学生大会の議長が、緊急動議として提案されたこのような議題を採択することも、本学はこれを禁止する」というものである(56)。このため、ストライキ提案を学生大会で提案した学生や、その提案を議題として取り上げた議長、またストライキをおこなった自治会委員長は退学処分とされていた(57)。矢内原三原則の停止とは、学生による授業ボイコットの障害となっていたこうした慣行を取りやめるというものだった。

大学の自治にかんする考え方の見直しという点からもっとも重要なのは、大項目一〇「大学の管理運営の改革について」である。ここでは、「大学当局は、大学の自治が教授会の自治であるという従来の考え方が現時点において誤りであることを認め、学生・院生・職員もそれぞれ固有の権利をもって大学の自治を形成していることを確認する」という文言か入るとともに、通称「東大パンフ」の廃棄が明言された。(58)

東大パンフとは、一九六五年一一月に東京大学の名前で出された文書「大学の自治と学生の自治——最近の学生自治活動に関連して」を指す。これは、大学の自治にたいする学生の参与を限定した文書として、学生たちから批判されてきた。このなかで、大学の自治の内容は次のように規定されていた。

大学における研究の題目、内容、方法等は、研究・教育に直接責任を負う教員（教授・助教授・専任講師）およびその教員の組織（教授会・評議会）が自主的に決定し、また調整をおこなうものであって、外部のいかなるところからも掣肘をうけるべきものではない。

……大学の教育は大学が自主的に決定した方針にしたがって、教員の教育者としての良心にもとづいておこなわれるべきものである。

……研究・教育の自主性を確保する具体的保障として、教員、学部長、学長等の主要人事は、大学の自主的決定に委ねられなければならない。(59)

このように、東大パンフは大学の自治を、あくまで教員による自由な研究教育活動を保障するために外部の干渉を排除するものとして規定した。そのうえで、それとの関係で、学生の自治活動は次のように規定された。

ただ、このような研究・教育に関連して、大学内において学生のもつ自由や自主性は、大学自体が学外にたいして主張する自治とは次元の異る（原文ママ）ものである。学生は批判的精神を要求されるとしても、なお修学中のものである。したがって、その研究活動については、旺盛な自発性が求められているとはいっても、なお教員の指導と助言にしたがわなければならない。……大学では、上述のように、研究・教育にたいする自由にして自主的な態度が要求されている。……

本学は従前から、このような教育の一環としての学生の自治を十分に尊重し、その健全な伸張に努めてきた。たとえば、各学部の自治会を大学が公認し、これにたいして、学生の全員加入制、会費の徴収、自治会室の貸与と自治会活動に必要なかぎりでのその利用、大学ないし学部にたいする全学生を代表とした要望の提起、学生大会の開催等について、特別の配慮をおこなってきたのもそのあらわれであるし、学寮の運営について、寮生の自治的規制をできるかぎり容認してきたのも、同じ趣旨によるものである。(60)

すなわち、東大における従来の大学自治観では、学生は大学の自治的な運営に相応の権利と責任をもって参与する存在として認められることはなく、あくまで教員から指導を受ける下位の者として位置づけられていた。そして、学生運動をはじめとする学生の自主的活動は、教育的な意義が認められるに留まっていた。一〇項目確認書は、このように、学生運動をパターナリスティックな態度をもって制限かつ管理しようとする東大パンフにおける東大執行部の態度を否定し、大学の自治に学生と職員が固有の権利をもって参画することを認めるものだった。

さらに、一〇項目確認書は、その後の東大における大学執行部と学生の関係性に、実際に影響を及ぼした。東大闘争に参加し、その後弁護士となった藤本齊は、二〇〇四年の国立大学法人化に向けた動きのなかで東大の学部等の部局から相談を受けた経験から、当時の学生処分制度の前提として一〇項目確認書が機能していたと証言している。また、藤本によれば、法人化後も東大闘争の経緯が学生懲戒処分制度に反映されているという。(61) ここまで述べてきたような一〇項日確認書の内容と影響をふまえれば、確認書は民青系学生たちにとって、それまで「全構成員自治」というスローガンで追求してきた大学改革の開始点として、そして東大全共闘が得られなかった東大闘争の具体的成果として、たしかに位置づけ可能なものだといえる。

（2）民青系学生たちの質的挫折――東大全共闘の大学解体論との対比から

しかしながら、結果としては、一〇項目確認書があったにもかかわらず、その後の大学改革は不全に終わったといえる。一九六九年一月には大学執行部によって大学改革準備調査会が創設され、一九六九年に活動もした(62)。民青系学生たちの側も大学の制度的改革を模索し、欠陥授業摘発運動(63)や学部改革(64)などに取り組んだが、そうした動きが、民青系学生たちが長年求めていた「全構成員自治」を部分的にであれ実現するような具体的な制度改革に結実することはなかった(65)。

民青系学生の証言からは、一九六九年以降の東大において一〇項目確認書が具体的な制度改革に結実しなかった要因は複数あることがわかる(66)。第一に、大学改革という大きなテーマに取り組むさいに、教員と学生のあいだにあった力量と知識の差である。一〇項目確認書が締結され、東大キャンパスがじょじょに日常的運営に戻っていった一九六九年当時の東大執行部は、三月の総長選で正式に総長として選出された加藤一郎によって率いられていた。壮年の研究者を中心に構成された加藤執行部が大学のありかたや大学の諸問題を検討するのにたいし、学生運動の活動家は応答しきれなかったのである(67)。

第二に、大学執行部は学生運動にとって長年の敵手であり、民青系学生たちは容易に敵視をやめることができなかった。一〇項目確認書を受けた大学改革の動きに参画することについては、妥協を強いられたり取り込まれたりするのではないかという強い警戒心が働いたという。実際、大学執行部は大学改革準備調査会に学生代表の参加を求めたが、学生側からそれを拒否した。そして、学生たちはそれまで学生運動の活動現場としていた各学部で、それぞれの学部改革運動を進めることになった(68)。

第三に、とりわけ重要な点として、一〇項目確認書締結以降も民青系学生たちのあいだに残った、大学執行部への不信感があった。東大闘争に民青系学生として中心的に関わった学生たちによって二〇一八年におこなわれた座談会で、ひとりの参加者は次のように回想している。

伊藤　革命の問題じゃなくて、有り体に言えば、ついていけなかったのだと思う。とにかくすごいバイタリティーで〔加藤執行部は提案を〕いろいろ出してくる。それと根底には加藤執行部への不信感もあった。中教審の中間答申が出されても、これに対する態度がはっきりしないんだよ。批判しないで、「我々は違います」と言うだけ。それでいて政府側のいろいろな会議などには出る。それを指摘すると、「無関係であります」と。さらに大きいのは、大窪さんが紹介したような部局や各学部でやっていることに対して無関心なことだった。全体のことを言うけれども、さっき出た講座制の問題などは、加藤執行部は手をつけない。……学生や院生がもっとも関心のあったのは現場における旧態依然たる支配関係をどう改革するかだった(69)。

大学執行部にたいする根底的な不信感が拭えなかったのは、加藤一郎総長をはじめとする執行部の教員たちの態度が信頼できず、学生にとっては重要な問題である教育現場での権力関係の解消に、かれらが関心を示さないためだった。教員たちの態度・認識にたいする不信感が障害のひとつとなって、一〇項目確認書を大学執行部との間で締結できたにもかかわらず、「全構成員自治」を具体化する改革にまでは至らなかったといえる。ここに、一〇項目確認書という制度的な成果獲得とは対照的な、東大闘争における民青系学生の質的挫折があったといえる。

民青系学生の質的挫折の意味は、東大全共闘の学生たちの大学解体論を補助線としたときに、より明確になる。東大全共闘派の学生たちは、一〇項目確認書を締結した七学部集会の時点で、この集会で収束を図ることそのものに反対していた。それは、民青系学生と東大全共闘とのあいだに深刻な敵対関係があり、東大闘争でのヘゲモニーを争っていたためだけではない。東大全共闘の学生たち、とりわけノンセクトの学生たちは、東大の存続を前提とした、学内改革のための一〇項目確認書にたいして懐疑的だったのであり、両者の運動論の根底的な差異が一〇項目確認書をめぐってせ浮かび上がってくる。

東大全共闘の学生たちは、東大闘争の過程で、大学執行部や教員たちとのやりとりをとおして、人びとの態度・認識に社会問題や権力関係の表れを読み取り、その変化を追求するような運動を志向するようになっていた。東大全共闘の学生たちが人びとの態度・認識における変化を重視するようになった契機には、各学部や各学科で謝罪や話し合いを求めて直接交渉するなかで接した、教員たちの言動があった。そこで学生たちは、理性の府であるはずの大学において、医学部での不当な学生処分や機動隊導入の是非についてまともな応答ができない教員たちに相対し、そこに社会的な問題意識の欠如や非論理的で一貫していない姿勢を見たのだった。東大全共闘のなかでもノンセクトだったある学生は次のように語る。

F　やっぱり、素朴になんで大学は素直に過ちを認めて、やんないのかな、ということのほうが〔獲得目標より重要だった〕ね。誰でも自分のことが絡めば思いどおりにいかないっていうのはあるだろうけど、少なくとも大学っていうのは一般社会の組織よりは理屈みたいなものでちゃんとやるべきじゃないの。そういうのは大前提だね。それをやらないのが、ほんとわけわかんないっていうか。

団交とかそういうときってみんなそうなんだけど、それまで講義とか本とかで多少はかっこいいことを言ってるはずなのになんなのっていう情けなさっていうか、そういうのがね。たとえば、『されどわれらが日々――』の柴田翔[70]が独文の教員でいて、〔文学部の〕団交のときなんにも言わなかったり、言ってもなんか合わせるようなことしか言わない。……自分自身のやってることを客観的にもっと考えてほしいなって。[71]

教員たちの態度・認識にたいする批判は、最終的に大学のありかたにたいする問い直しへとつながっていった。当時教養学部で助手を務め、「全学助手共闘会議」を結成して東大全共闘の側に立った最首悟は、『朝日ジャーナル』に寄せた手記で、東大全共闘のなかでもノンセクトの学生たちのありかたについて、次のように書いている。

……全共闘が展開した七項目要求運動は当初……個別改良闘争であった。しかしその闘争に対する大学側の対応、そして教授会メンバー一人一人の態度、意識を攻撃した時、それは必然的にその態度や意識の源である教授たちの学問、研究観、そのもとに成立っている大学の存在形態や、大学が現実に果している社会的機能への告発に向わざるを得なかった。

そしてその必然的結果として、現にそのような大学にいる自分自身を告発せざるを得なくなったのだ。

そして自分がそうした大学にいることを徹底して問い詰めることなしには、教授一人告発できないというように思考が一回りした時に、東大闘争は質的な飛躍をとげたのだ。[72]

教員たちの認識や意識、態度に、医学部処分や機動隊導入というそもそもの問題の発生原因を見出し、そこからの変化を求める姿勢は、やがて、教員たちによって営まれる学問や教員たちが構成する東大の社会的権威、さらには東大に所属する自分たち学生をも対象とする疑念になり、そして大学のありかたの問い直しへとつながっていった。東大闘争中盤以降、東大全共闘派の学生たちは「大学解体」「帝大解体」をスローガンとして唱えるようになったが、その意味は、キャンパスや建物を物理的に破壊するというものではなく、現状の東大とは質的に異なる、別様の大学を構想しようという呼びかけだった。

このような東大全共闘の運動論は、民青系学生運動の運動論とは対照的だった。東大全共闘の学生たち、とりわけノンセクトの学生たちは、教員たちにたいし学問の場にふさわしい論理一貫性や誠実さ、また権威主義的態度の見直しを求めたのであり、こうした志向性は、そうした態度認識の変化が見られないうちは制度的妥結に至っても意味がないという考えに帰結した。そのため、一〇項目確認書や七学部集会によって東大闘争を終結させることには、反対するか、あるいはもはや関心を示さないという態度になったといえる。これにたいして民青系学生たちは、東大の存続を前提に、必要ならば大学執行部との妥協を含めた交渉をおこない、大学改革の端緒として東大闘争を位置づけていた。かれらの運動論では、態度・認識の変化といった次元は相対的に重要性を持たず、最終的な目標達成のためには妥協や漸進的な改革を必要なものとして受け入れるある種の政治的な熟練が見られ、具体的な制度上の変化が重視された。(73)

一〇項目確認書は、そうした政治的熟練をもって、民青系学生たちが獲得した成果といえる。しかしながら、民青系学生たちが最終的には大学執行部にたいする根底的な不信感を拭えず、制度的な変革には至らなかったと証言するとき、東大全共闘が教員たちにたいして求めた態度や認識の変化こそ、民青系学生たちが追求した大学改革の重要な前提条件だったことが浮かび上がってくる。このように東大闘争では、民青系学生は大学における制度に、東大全共闘は大学を構成する人びとの態度・認識に、とそれぞれ異なった次元に照準を定め、闘争を闘っていたのである。

おわりに

本稿では、一九六〇年代後半の学生運動にかんするこれまでの議論が、いわゆる新左翼や全共闘運動といった「新しい」要素を中心におこなわれてきたことを受け、こうした「新しい」運動と対照される「古い」運動にあたる日本共産党と日本民主青年同盟に着目して、東大闘争の経過とその帰結を分析してきた。民青系学生たちにとって東大闘争は、それまでの民青系学生運動が追求してきた、大学の自治的運営に学生が参加する権利を獲得するためのステップとして位置づけられるものだった。結果として東大闘争では、民青系学生たちの手によって一〇項目確認書の締結とストライキ解除が実現したのにたいし、東大全共闘の学生たちは制度上は「敗北」に追い込まれた。

一〇項目確認書は、矢内原三原則の停止や東大パンフの破棄、さらに大学の自治に教授会だけでなく学生・院生・職員も固有の権利をもって参加しているということを大学執行部に認めさせる、画期的なものだった。しかしながら、民青系学生運動がそれまで追求してきた全構成員自治を実現するような制度的改革に一〇項目確認書がつながることはなかった。本稿は、このことを民青系学生たちにとっての制度的勝利と質的挫折として位置づけ、質的挫折の要因に、民青系学生の運動論では具体的な制度的変化を引き起こすことが重視される一方で、東大全共闘のなかでもノンセクトの学生が重視していたような、教員たちの認識・態度の変化が追求されなかったことがあったと指摘した。

本稿では、民青系学生運動について、この運動が長年テーマとしてきた大学自治とそこへの学生参加という点から論じてきた。しかしながら、全共闘運動やベトナム反戦運動などを含んだ一九六〇年代後半の学生運動全体における日本共産党と日本民主青年同盟の位置やその役割について、さらに理解を深めるためには、本稿では取り上げることができなかった実力行使の問題に取り組む必要があるだろう。東大闘争では、日本共産党の介入のもと、民青系学生たちと東大全共闘派学生たちのあいだで物理的・肉体的衝突が繰り返し発生し、両者の敵対関係を決定的なものにした。[74]近年の民青系学生たちによる東大闘争回顧では、自分たちの実力行使についてはときに忘れ去られ、東大全共闘派の学生が一方的に暴力的な行為をおこなったとされることもある。[75]そうした忘却の問題も含め、一九六〇年代後半の学生運動における各アクターによる実力行使の実相と、そのことによる当時の学生運動への影響を明らかにすることが、今後の課題である。

注

（1）小杉亮子「学生が生み出す社会運動——キャンパスで生成し変容する運動文化」長谷川公一編『社会運動の現在——市民社会の声』有斐閣、二〇二〇年。

（2）大野道夫「『青年の異議申立』に関する仮説の事例研究——社会主義運動仮説と新しい社会運動仮説を対象として」『社会学評論』四一（三）、一九九〇年、二三八頁。

（3）ただし、一九六〇年代後半当時には「新左翼」という言葉自体が定着していなかった点には注意が必要である。東大闘争に参加した小阪修平によれば、一九六七年時点で日本には「新左翼」という言葉は十分に定着しておらず、英国の「ニュー・レフト」が「非スターリン主義的な左翼の新しい試み」として紹介されていたに過ぎなかったという（小阪修平『思想としての全共闘世代』筑摩書房、二〇〇六年、一四頁）。本稿で用いている『東大闘争資料集　DVD増補改訂版』に収録されたビラやパンフレットでも、現在では「新左翼」として理解されている諸組織は「反代々木系」や「党派」という言葉で名指されており、「新左翼」という言葉はほとんど登場しない。これは、「新左翼」という新しさを強調する呼称自体が回顧的に用いられるようになった可能性を意味している。

（4）絓秀実『１９６８年』筑摩書房、二〇〇六年、九頁。

（5）Touraine, Alain, 1969, La Société post-industrielle, Éditions Denoël.（＝寿里茂・西川潤訳『脱工業化の社会』河出書房新社、一九七〇年、二五頁）。

（6）Offe, Claus, 1985, "New Social Movements: Challenging the Boundaries of Institutional Politics," *Social Research*, 52 (4): 817–68; 前掲、Touraine, La Société post-industrielle, Éditions Denoël.; Touraine, Alain, 1978, La voix et le regard, Éditions du Seuil.（＝梶田孝道訳『声とまなざし』新泉社、一九八三年）。

（7）小熊英二『１９６８　下　叛乱の終焉とその遺産』新曜社、二〇〇九年。

（8）同前、二八五頁。

（9）ほかに、一九六〇年代後半の学生運動と新しい社会運動との関係をより肯定的に論じた著作としては、社会学者の安藤丈将によるものがある（安藤丈将『ニューレフト運動と市民社会――「六〇年代」の思想のゆくえ』世界思想社、二〇一三年）。また、一九六〇年代後半の学生運動の当事者も、運動の意義を論じるにあたって新しい社会運動との連続性を指摘している（たとえば富田武「大学闘争四〇年に想う――一当事者の社会運動史的総括」『現代の理論』一八、明石書店、二〇〇九年、山本義隆『私の１９６０年代』金曜日、二〇一五年、二二八―二三二頁）。

（10）日本では新しい社会運動論が紹介されるさいに、それまでの左派運動に取って代わる新たな行為主体として新しい社会運動が登場したと位置づける「史観」として議論が定着したと、道場親信が指摘している。道場は新しい社会運動史観だけでなく、革新史観、市民運動史観といった硬直的な史観が戦後日本の社会運動史に与えた影響を論じた（道場親信「戦後日本の社会運動」大津透・桜井英治・藤井譲治・吉田裕・李成市編『岩波講座日本歴史　近現代５』岩波書店、二〇一五年）。筆者は別稿で、とりわけ新しい社会運動史観が一九六〇年代の学生運動に関する歴史記述の平板化を招いていることを論じた（小杉亮子「『史観』の困難と生活史の可能性――一九六〇年代学生運動研究の経験から」大野光明・小杉亮子・松井隆志編『運動史とは何か――社会運動史研究１』新曜社、二〇一九年）。

（11）川上徹「学生運動十年の歩み」川上徹編著『学生運動――60年から70年へ』日本青年出版社、一九六九年、九七頁。

（12）大窪一志「パラノイドの青春が蹉跌するまで――六〇年代後半」川上徹・大窪一志『素描・１９６０年代』同時代社、二〇〇七年、一九〇頁。

(13)　平田勝『未完の時代――1960年代の記録』花伝社、二〇二〇年、河内謙策『東大闘争の天王山――「確認書」をめぐる攻防』花伝社、二〇二〇年、大窪一志・大野博・柴田章・神山正弘・佐々木敏昭・乾彰夫・藤本齊・光本滋・伊藤谷生『歴史のなかの東大闘争――得たもの、残されたこと』本の泉社、二〇一九年、東大闘争・確認書五〇年編集委員会編『東大闘争から五〇年――歴史の証言』花伝社、二〇一九年など。

(14)　武井昭夫『層としての学生運動――全学連創成期の思想と行動』スペース伽耶、二〇〇五年、一三五頁。

(15)　同前、二二一―二二三頁。

(16)　同前、一九頁。

(17)　同前、二八頁。

(18)　同前、二八頁。

(19)　同前、一二八頁。

(20)　松井隆志「六〇年安保闘争とは何だったのか」岩崎稔・上野千鶴子・北田暁大・小森陽一・成田龍一編著『戦後日本スタディーズ②　60・70年代』紀伊國屋書店、二〇〇九年、および猿谷弘江『六〇年安保闘争と知識人・学生・労働者――社会運動の歴史社会学』新曜社、二〇二一年。

(21)　小杉亮子『東大闘争の語り――社会運動の予示と戦略』新曜社、二〇一八年、一〇三―一一〇頁。

(22)　インターン制度では、医学部を卒業した学生は、一年間のインターン期間中に各科をまわって実地研修を受けたのちに、医師国家試験を受験することになっていた。医師とも医学生とも位置づけられないインターン生の身分は曖昧であり、そこから、患者の診療の責任を負うことができない、無報酬、研修体制の不十分さといった問題点が生じていたが、長年解決されないままだった。インターン制度反対運動は長年、東大だけでなく全国の医学生たちによって続けられており、一九六六年三月には、三四大学二七〇〇人の医学部卒業生によって「全国青年医師連合」（青医連）が結成されている。一九六七年になると、インターン制度を改善するものとして厚生省によって登録医制度が提案されたが、そこでも無給で身分が不明瞭であるという問題は未解決のままだった（園田隆也『東大医学部――闘争の記録と教育の未来像』徳間書店、一九六九年）。

(23) 前掲、園田隆也『東大医学部』、八〇―一一七頁。
(24) 東大闘争全学共闘会議編『砦の上にわれらの世界を――ドキュメント東大闘争』亜紀書房、一九六九年、四〇―四三頁。
(25) 聞き取りの対象者については、匿名とし、アルファベット一文字で表している。同一のアルファベットは同一人物を表す。また本稿では、聞き取りデータや文献を引用するさい、筆者による補筆を〔　〕、中略を……で表している。
(26) 二〇一三年一〇月一一日の聞き取りより。聞き手は小杉、福岡安則。以下、Jの語りは全て同日の聞き取りによる。
(27) 同前。
(28) 「医学部処分白紙撤回の為にさらに団結して斗おう」東京大学七者連絡協議会、一九六八年四月、『東大闘争資料集　DVD増補改訂版』二巻二四一頁。
(29) たとえば「大学自治擁護、医学部闘争勝利のために全学友は立ち上ろう」東京大学学生自治会中央委員会、一九六八年六月一八日、『東大闘争資料集　DVD増補改訂版』三巻一〇六頁。
(30) 前掲、東大闘争全学共闘会議編『砦の上にわれらの世界を』六九―七四頁。
(31) 「共斗会議ニュース　No.1 68.7.18」東大闘争全学共闘会議、一九六八年七月一八日、『東大闘争資料集　DVD増補改訂版』四巻三七二頁。
(32) 「東大の民主主義的変革をめざして全学ストライキ体制を打固めよう！」日本民主青年同盟東大全学委員会、一九六八年九月、『東大闘争資料集　DVD増補改訂版』五巻三九頁。
(33) たとえば教育系大学院の院生の組織が発行したビラに「I　東大斗争の最も重要な局面―「全構成員による自治」へ踏み出せるか―」といったように登場する（「院教協ニュース　第30号 '68.11.5」院教協、一九六八年一一月五日、『東大闘争資料集　DVD増補改訂版』七巻一四六頁）。
(34) 寺﨑昌男『日本近代大学史』東京大学出版会、二〇二〇年、三五九頁。
(35) 大窪一志「日本学生運動史のなかの東大闘争」大窪一志ほか『歴史のなかの東大闘争――得たもの、残されたこと』本の泉社、二〇一九年、三八―三九頁。

(36)　日本民主青年同盟東大全学委員会編『嵐の中に育つわれら――東大闘争の記録』日本青年出版社、一九六九年、二三―二四頁、および東京大学弘報委員会編『東大問題資料2　東京大学弘報委員会「資料」1968.10–1969.3』東京大学出版会、一九六九年、九頁。
(37)　「告示」東京大学、一九六八年八月一〇日、『東大闘争資料集　DVD増補改訂版』二二巻一四七頁。
(38)　Jへの聞き取りより。
(39)　二〇一三年八月七日の聞き取りより。聞き手は小杉、福岡安則。以下、Gの語りは全て同日の聞き取りによる。
(40)　前掲、東京大学弘報委員会編『東大問題資料2　東京大学弘報委員会「資料」』一二―一三頁。
(41)　Gへの聞き取りによる。
(42)　「学生諸君へ」法学部教授加藤一郎など、一九六八年一一月四日、『東大闘争資料集　DVD増補改訂版』二一巻二八八頁。
(43)　前掲、東京大学弘報委員会編『東大問題資料2　東京大学弘報委員会「資料」』四五頁、および前掲、日本民主青年同盟東大全学委員会編『嵐の中に育つわれら』三六―三七頁。
(44)　前掲、小杉亮子『東大闘争の語り』第六章を参照のこと。
(45)　『赤旗　号外』一九六八年一一月一三日、『東大闘争資料集　DVD増補改訂版』七巻三六三頁。
(46)　同前。
(47)　二〇一三年一二月二日の聞き取りより。聞き手は小杉。以下、Tの語りは全て同日の聞き取りによる。
(48)　前掲、東京大学弘報委員会編『東大問題資料2　東京大学弘報委員会「資料」』六四頁。
(49)　正確には、七学部に加えて、教養学部後期課程の教養学科・基礎科、農系、理系、教育系、薬学系、社会系大学院の二学科五系大学院が代表団に参加した（前掲、東京大学弘報委員会編『東大問題資料2　東京大学弘報委員会「資料」』一三六―一三七頁）。
(50)　前掲、東京大学弘報委員会編『東大問題資料2　東京大学弘報委員会「資料」』一八九―一二三頁。
(51)　ただし、一九六八年一二月末まで、東大全共闘代表者会議と大学執行部とのあいだで非公式な折衝が続いていた。こちらも最終的には決裂した。東大全共闘の七項目要求のうちの「文学部処分の白紙撤回」と、八・一〇告示の撤回を大学執行部が受け入れなかったためである。この折衝の具体的な動向は、各学部で全共闘派として活動していた多くの学生にとっては見えないものだった（前掲、小杉亮子『東大闘争の語り』二五〇―二五三頁を参照のこと）。

(52) 前掲、小杉亮子『東大闘争の語り』第六章、とくに二四一―二五〇頁を参照のこと。

(53) 前掲、東京大学弘報委員会編『東大問題資料2　東京大学弘報委員会「資料」』一七九頁。七学部集会と大学執行部とのあいだの第二次集会は実質的には開催されず、一九六九年二月一一日、学生代表と加藤総長代行ほか四名の教員が出席する非公開の会議で確認書の最終的な決定がなされた（加藤一郎『東大問題資料1　「七学部代表団との確認書」の解説』東京大学出版会、一九六九、一七―一八頁）。この最終的な確認書締結にさいしては、医学部の医学科と保健学科の二学科が七学部集会後に参加を申し入れ、二月六日に追加署名をしている（前掲、東京大学弘報委員会編『東大問題資料2　東京大学弘報委員会「資料」』二七六頁）。

(54) 一〇項目確認書の内容については、前掲、東京大学弘報委員会編『東大問題資料2　東京大学弘報委員会「資料」』一八〇―一八二頁をもとにしている。

(55) 東大ポポロ事件では、一九五二年二月二〇日に東大の学生劇団ポポロが本郷キャンパス内で公演していたところ、観客の中に警察官がいることに学生たちが気づいて抗議した。このとき、一部の学生が警察官への暴力行為を理由に逮捕・起訴された。裁判では、大学キャンパスへの警察官の立ち入りがどのように大学の自治を侵すか、学生たちの抗議は大学の自治を保全する行為だったかどうか、などが争点となった（盛秀雄「いわゆる東大ポポロ劇団事件に関する判例の研究――その中の学問の自由と大学の自治について」『大阪府立大學經濟研究』二九、一九六四年）。

(56) 「学生大会の議題について」（一九五八年一月）、前掲、東京大学弘報委員会編『東大問題資料2　東京大学弘報委員会「資料」』四四三頁所収。

(57) 神山正弘「東大闘争と日本の大学――六〇年代の大学と学生運動の視点から」大窪一志ほか『歴史のなかの東大闘争――得たもの、残されたこと』本の泉社、二〇一九年、一六四頁。

(58) ただし、この文言が入った大項目一〇小項目二は、法学部、経済学部、理学部、工学部が署名しなかったため、最終的な確認書には含まれなかった。しかしながら、加藤一郎総長代行や各学部長などで構成される東大評議会は、一九六九年二月九日に、この項目は「全学的な問題にかかわる項目につき、学生間の意見がわかれている状態において、評議会として、確認書に含めることは適当でないと考えたことによるのであり、それを否定するという意味をもつものではけっしてない」と公表している。このことから、大学執行部はこのような大学自治観を受け入れる態勢にあったと考えられる（「確認書の審議を終えて」東京大学総長代行加藤一郎、一九六九年二月九日、『東大闘争資料集　DVD増補改訂版』二二巻四八八頁）。

(59)「大学の自治と学生の自治――最近の学生自治活動に関連して」一九六五年一一月一日、『東大闘争資料集　DVD増補改訂版』二二巻一一頁。

(60)同前。

(61)前掲、東大闘争・確認書五〇年編集委員会編『東大闘争から五〇年』一五四―一五九頁。

(62)大学改革準備調査会編『東大問題資料3　東京大学改革準備調査会報告』東京大学出版会、一九六九年。

(63)Tへの聞き取りによる。

(64)Gへの聞き取りによる。

(65)前掲、大窪一志ほか『歴史のなかの東大闘争』。もちろん、民青系学生たちも一〇項目確認書の締結をもって大学改革に直結すると考えていたわけではない。当時、民青系学生たちは一九六九年二月以降の運動を、政府・文部省の干渉や大学執行部の動向に注意を払いながら、「この『確認書』の成果を守りきり、具体的に深化させることを通じて、この成果をより豊富でより実質的なものとしてかちとっていくことを中心課題とするものに前進した」と位置づけていた（「斗いの現局面と我々の課題」日本民主青年同盟東大全学委員会、一九六九年二月、『東大闘争資料集　DVD増補改訂版』一〇巻五九頁）。

(66)以下で参照する民青系学生の証言は、東大闘争に民青系学生として中心的に関わった学生たちによって二〇一八年におこなわれた座談会の記録を参照している（「東大闘争50年――『確認書』の意義と今日の大学」、参加者：伊藤谷生・大野博・大窪一志・柴田章・光本滋、『季論21』二〇一八年秋号、三〇―六二頁）。

(67) 前掲座談会、三九頁。
(68) 前掲座談会、四〇頁。
(69) 前掲座談会、四六頁。
(70) 一九三五年生まれの作家・ドイツ文学者。一九六〇年に東大大学院独文科修士課程を修了し、一九六九年に東大文学部助教授に就任。一九六四年に、東大修士課程の青年を主人公に、六〇年安保闘争のなかでの青春群像を描いた小説『されどわれらが日々――』で第五一回芥川賞を受賞した(柴田翔『されどわれらが日々――』文藝春秋、二〇〇七年参照)。
(71) 二〇一三年八月六日の聞き取りより。聞き手は小杉、福岡安則。
(72) 最首悟「玉砕する狂人といわれようと――自己を見つめるノンセクト・ラジカルの立場」『朝日ジャーナル』一九六九年一月一九日号、一〇一頁。
(73) 筆者は、東大闘争に参加した学生たちのあいだに見られたこのような運動論の違いを、予示的政治と戦略的政治の対立として整理した。詳しくは、前掲、小杉亮子『東大闘争の語り』を参照のこと。
(74) 詳しくは、前掲、小杉亮子『東大闘争の語り』二四一―二五〇頁を参照のこと。
(75) 小杉亮子「〝1968〟の学生運動を学びほぐす――東大闘争論の検討」大野光明・小杉亮子・松井隆志編『「1968」を編みなおす――社会運動史研究2』新曜社、二〇二〇年、八〇頁および前掲、東大闘争・確認書五〇年編集委員会編『東大闘争から五〇年』。

V 一九六〇年代の重度障害者運動と障害女性への子宮摘出手術
――当事者・親・専門家の議論からみえてくるもの――

鈴木 雅子

はじめに

戦後日本では長期にわたり（これまで確認されているだけでも、一九五〇年代から九〇年代初頭にかけて）、重度の知的・身体障害女性に対し、主として介助負担の軽減を目的とした子宮摘出手術が行われてきた。一九九三年にこの問題を調査した毎日新聞は、「子宮摘出手術は約四十年以上前から、全国の施設で知的障害、身体障害のある女性を対象に広範に行われ、〔略〕本人もしくは関係者が証言した分だけでも約三十例にのぼる」と報じている。[1]

優生（不妊）手術を規定する法律として一九四八年から九六年まで存在した優生保護法（一九九六年、母体保護法に改定）は、優生手術について「生殖腺（卵巣・精巣―引用者注）を除去することなしに、生殖を不能にする手術で命令をもって定めるものをいう」と定義し、同法の施行規則は手術の術式を精管や卵管を結紮、あるいは切断・結紮する方法と定めていた。すなわち、子宮摘出手術は優生保護法の規定にもない「違法性が甚だしい」手術であった。[2]

本稿では、一九六〇年代の重度障害者運動（重度障害者施策を求める運動）の中で同手術がむしろ容認・推進されていた事実に注目し、運動の担い手である障害当事者・親・専門家らがなぜ、どのような論理で子宮摘出手術を容認、あるいは推進していたのかを同時代の一次史料に基づいて解明する。

筆者が一九六〇年代に注目する理由は、以下の通りである。一九四七年には児童福祉法、四九年には身体障害者福祉法が制定され、戦後の障害児者福祉がスタートしたものの、当初、施策の対象は更生（職業的自立）の見込みがある軽度者に限られ、重度者対策はほとんどなかった。そのため一九五〇年代半ば頃から、施策の枠外に取り残された重度障害児者の問題が福祉関係者らの間で顕在化する。一九五六年度版『厚生白書』は、「脳性麻痺や複合障害者に対してはなんら見るべき施設が設けられていないので、これらの者に対して特別の授産場を設置することの必要性が叫ばれている」と述べている。[3] この時期、福祉関係者らが必要だと考えたのは重度障害児者収容施設の建設であった。

そこで一九六〇年代に入ると、重度障害児者施設を求める親の会等の運動が高揚し、マスコミがこれを積極的に報じて世論を喚起した。このような運動と世論の高まりに応えて、政府・自治体は六〇年代半ばに重度障害児者収容施設の拡充政策にのり出すことになる。一九六五年、政府は厚生省（当時）内にコロニー懇談会を設置し、七一年には大規模総合施設である国立コロニーを開設した。また、これと前後して全国各地で地方自治体や民間法人によるコロニー建設が始まった。障害女性への子宮摘出問題が施設入所との関連で、障害当事者・親・専門家の間で議論されるのは、各地に大規模施設が開設され重度障害児者の入所が始まる、このような時期だったのである。

一方、一九六〇年代は重度障害当事者が、自らの福祉向上を求めて本格的な運動を開始した時期でもあった。筆者は前に、重度障害者運動の典型として脳性マヒ者運動に注目し、高度経済成長期における日本脳性マヒ者協会「青い芝の会」（以下、「青い芝」）の運動を分析した。[4]「青い芝」とは、身体障害者の文芸同人団体「しののめ」に所属する脳性マヒ者（以下、CP者。CPとはCerebral palsy（脳性マヒ）の略）らが、一九五七年に結成したCP者の運動団体である。

一九六〇年代前半の「青い芝」では更生不可能な障害者のための「施設設立」が運動の中心課題であった。同会が初めて国立重度障害者施設の設立等を要求して厚生省（当時）への陳情を行ったのは一九六二年のことである。ところがこの頃、同会では結婚して地域社会で独立した家庭を築く会員が増加するとともに、六〇年代後半には施設にいた会員が施設を出て、生活保護を受けながら地域で暮らす動きも始まった。こうして六〇年代後半の「青い芝」では、運動の重点が「施設設立」から「地域社会における人間らしい生活の保障」に移っていった。(5) 一九六〇年代の親・福祉関係者の多くが一貫して「施設拡充」を求めていたのに対し、CP者らは「地域での生活」を求め始めたのである。

このように、一九六〇年代とは親・福祉関係者・当事者らによる重度障害者運動が高揚し、なかでも施設拡充を求める親の会等の運動が政府・自治体の障害者政策に多大な影響を与えた時代であった。本稿では、この時期の運動の担い手である当事者・親・専門家が、なぜ、どのような論理で障害女性への子宮摘出手術を容認・推進していたのかを分析することを通して、一九六〇年代の重度障害者運動が抱えていた困難や問題性をとらえようとするものである。

さらに本稿では、一九六〇年代の障害女性たちが置かれていた環境や生き方にも光を当てる。本稿に登場する障害当事者は、いずれも昭和初期生まれのCP女性で、CP者の結婚や地域での生活という新しい可能性が芽生えた一九六〇年代に自らの生活基盤を築いていった世代である。この時期、彼女らはどのような問題に直面し、またどのように自らの生き方を選択していったのだろうか。本稿では、彼女らの文章から単なる子宮摘出手術に対する考え方ばかりでなく、この時代を生きた個々人の葛藤や生き方をも読み取っていく。

障害女性への子宮摘出手術については、いくつかの先行研究がある。(6)これらの研究では、一九八〇年前後にCP女性らが子宮摘出手術の体験を公の場で語り始めたことを機に、障害者運動、女性運動がこの手術を問題化していった経緯が明らかにされるとともに、八〇年代以降に収集・発表された当事者の証言や手記、集会での発言等を通して手術の実態解明が行われてきた。ただし、従来の方法では手術を推進してきた側の意見・証言を集めることは難しく、分析対象が限定的にならざるを得なかった。そのため手術を推進してきた人々が、どのような時代状況の下、なぜ手術を推進あるいは容認したのかを解明することができなかった。

一方、先行研究の中で、当事者の証言・手記等から一九六〇年代を検討したものには、利光恵子「卵巣への放射線照射による不妊化措置―佐々木千津子さんの場合」(利光恵子・前掲書所収)がある。この研究は、月経をなくすための処置として一九六八年に卵巣への放射線照射を受けさせられた佐々木千津子(一九四八〜二〇一三年。CP者)の個人史に即して、月経をなくすための法定外の処置・手術の実態と、それが当事者の人生に与えた影響等を明らかにした。しかし、同研究は一九六〇年代の時代的特徴を追究したものではない。

これに対し本稿では、分析の対象を一九六〇年代に絞り、同時期にCP者らが書き残した一次史料を用いることによって当事者の生の声を拾い上げるとともに、子宮摘出問題を通して見えてくる当時のCP者らの苦悩や生き方をも検討する。こうすることによって、一九六〇年代におけるCP者らの生き方や価値観の特徴を明らかにし、一九六〇年代が重度障害者にとってどのような時代だったのかをとらえ返すことができると考えるからである。

本稿で使用する主な史料は『しののめ』と『両親の集い』である。『しののめ』とは、日本で最初の公立肢体不自由学校・東京市立光明学校(一九三二年開校。現・都立光明学園。以下、光明学校)を卒業したCP者らが、一九四七年に創刊した身体障害者の文芸同人誌である。『両親の集い』とは、小児科医・小林提樹が障害児の親たちに向け発行していた月刊誌(六四年以降は「全国重症心身障害児(者)を守る会」機関紙)である。ただし、これを補完するものとして、雑誌・新聞記事および「青い芝」の会報である『青い芝』も使用した。本稿に登場する長田文子・吉田道子がそうであったように、一九六〇年代に活躍するCP者の多くが「しののめ」と「青い芝」の両方に属していたため、この時期のCP者らの思想・運動・生活をより深く理解するためには『青い芝』の分析が有効だったのである。なお、「しののめ」とは、同人誌の名であると同時に団体名でもあった。本稿では、同人誌は『しののめ』、団体名は「しののめ」と表記する。

以下、第一章では、一九五〇年代半ばに手術を受けた在宅CP女性の事例を検討する。第二章では、手術をめぐる一九六〇年代の親・専門家の議論をみていく。第三章では、施設入所と子宮摘出手術をめぐる一九六〇年代半ばの障害当事者の主張を検討する。

なお、「精神薄弱」という法律用語は一九九九年に「知的障害」に改められた。本稿ではできるだけ後者を使ったが、史料の中で使われている場合は原典の用語をそのまま使用した。また、史料を引用する場合、明らかな誤植は訂正し、俗字は常用漢字に改めるとともに、読みにくい箇所には句読点を入れた。さらに、史料上に登場する人名をアルファベットに置き換えた場合がある。

一　在宅障害女性への子宮摘出手術

（1）『しののめ』と「青い芝の会」

「しののめ」の同人らが最初に子宮摘出問題に向き合うのは、一九六一年のことである。この年、同人の長田文子は『婦人公論』一二月号に手記「疼くべき子宮さえもない私　〝女〟を捨てた体にも女の感情は根強く生きている」

を書き、自らの子宮摘出手術の体験を公表した。まず、当時の時代状況をみておこう。

一九四七年五月、光明学校の卒業生であるCP者らが身体障害者の文芸同人誌『しののめ』を創刊した。創刊時の同人は九人で、主宰は、重度CP者で俳人の花田春兆（本名・政国。一九二五〜二〇一七年）である。花田の父が大蔵省（当時）高官であったように、同人らは皆、東京とその近郊に住む裕福な家庭の出身者であった。

CPとは妊娠中や出産時等に起こった脳損傷のため、主に運動機能面にマヒを生ずる障害である。全身性の障害で言語障害を伴うため職業的自立が難しく、知的障害等をあわせもつ場合も多い。後述する重症心身障害の原因の多くがCPであった(7)。戦前から戦後にかけて、日本の重度障害者は親きょうだいに扶養され肩身の狭い一生を送らねばならなかった。また障害が「前世の因果」とみなされる中で、CP者の多くは家族から外出も禁じられ、家の中でひっそりと暮らしていたのである。

『しののめ』は仲間内の手書きの回覧誌として創刊されたが、徐々に同人数を増やし、一九五〇年代初期には光明学校出身以外の者も加わるようになった。一九五五年には印刷化され、この前後から同人たちは文学だけではなく、自らを取り巻く政治的・社会的問題に目を向け積極的に発言するようになる。

また、貧困をはじめとする敗戦後の諸問題が一段落し、高度経済成長が始まる一九五〇年代半ば頃から、マスコミが障害児者問題を取り上げ始めた。一九五四年、知的障害児施設を舞台とした山本三郎著『しいのみ学園』がベストセラーになり、翌年、映画化され大きな反響を呼んだ。このような中、「しののめ」もマスコミから注目されるようになった。一九五四年、作家の田中澄江が『婦人公論』のルポルタージュ記事で「しののめ」を紹介し、五六年には同人の高山久子の手記「小児麻痺患者も人間です」が同誌に掲載された。一九五七年の「青い芝」発会のニュースは、新聞・雑誌・テレビで大きく取り上げられた。六一年に長田文子の手記が大手メディアの『婦人公論』に掲載されたのも、このような流れの一環だったのである。

一方でこの頃、「しののめ」や「青い芝」では会員たちのライフコースに変化が現れた。CP者の結婚である。「昭和三〇年ころは、軽い障害の者を除いては障害者が結婚するなどということは夢物語であり、障害者が愛とかセックスあるいは結婚ということについて考え、論じることをタブーとする考え方がまだまだ一般的に根強く、障害者自身もその考えに多く囚われて」いたという(8)。しかし一九五〇年代半ば頃から障害者の性や結婚が、当事者・親・福祉関係者の間で議論されるようになった。またこの頃、昭和初期に生まれた「しののめ」の主要同人たちの年齢が二〇代後半〜三〇代前半に達し、同人たちにとって結婚は切実なテーマとなった。

のちに「青い芝」の役員となる高垣昕二は、親の反対を押し切って一九五〇年代半ばにCP女性と結婚し、五六年、二人の間に「健常児」が生まれた。このことは、障害が遺伝することを恐れていた当時のCP者や親たちを安堵させたという(9)。高垣の例に勇気づけられた吉田道子（旧姓・久保）は、五七年、「しののめ」同人として初めてCP者同士で結婚した。六〇年には同じく「しののめ」同人で「青い芝」の会長でもあった山北厚が軽度CP女性と結婚し、幸せな障害者家族の典型として福祉関係誌やマスコミに取り上げられた。この時期に結婚したCP者らは、身辺自立した比較的軽度のCP者（特に女性の場合は、家事能力のある軽度CP者）であった(10)。ただし、軽度CPとはいえ働いて経済的に自立できる者は少なく、親の経済援助を得て結婚する場合が多かった(11)。こうして当初は軽度のCP者らが、主として親の経済援助を受けながら結婚し、地域社会で独立した家庭をもつようになったのである(12)。

長田文子が『婦人公論』一九六一年一二月号に手記を書き、自らの子宮摘出手術を公表したのはこのような時期であった。短歌以外に長田が手術に触れたものはこの手記しかないため、本稿では雑誌記事のもつ恣意性に注意を払いつつこの手記を分析する。

（2）長田文子の手記

長田文子は一九二九（昭和四）年に東京都北区王子で生まれ、二歳の時に麻疹のためCPになり両上下肢が不自由になった[13]。家族は、両親と兄、本人の四人家族であった。重度障害のため未就学で、横臥でわずかに利く左手で文字を書き、一〇代より短歌を詠み始めた。やがて新聞歌壇で入賞するようになり、五七年に「しののめ」に入会し主要同人となる。子宮摘出手術を受けたのは五六年、二七歳の時であった。この頃、兄はすでに実家を出て独立した家庭をもっていた。

長田は、手記「疼くべき子宮さえもない私」の冒頭で、「親が重度障害の息子に性の悩みを味わわせまいとして去勢手術を受けさせた」という話題を紹介した上で、「手足の不自由なばかりに、月々のものの処置に他人手《ひとで》を借りなければならない〔略〕女のしるし故に、女であることを捨てねばならなかった女が、ここにもいるのだ」（傍点引用者。特に断らない場合は、以下同じ）と自らの告白を始めている。

きっかけは医師の勧めであった。「最初に、医者からそれをすすめられたとき〔略〕怒りのようなものが胸を満たした」ものの、「老いてゆく父母、その死後を思うと、結局は医者の言う通りにしろと命ずる理性に従うより仕方なかった」。そして手術の日、「追い詰められた現実」の中で「女のいのちを奪われ、女の望みの源を断たれた一瞬、女であることの哀しみがひしひしと身を締めつけた。〔略〕こんなにしてまで何故、生きねばならないのか？　そう思った時、こらえていた涙が一度に目尻から溢れ落ちた」という。

さらに長田は、術後の心情についてこう述べている。

手術後の虚脱感から漸く抜けて体の変調もなくサッパリしたかわりに、底知れぬ淋しさに襲われる私には、疼くべき子宮さえ残されていなかった。〔略〕たった一度で終ろうとも、燃える相手があったら……と平べったい乳房を熱くして身悶えすることもある。もう女ではなくなったはずの私の体なのに、女の感情は根強く生きているのだ。

そして最後に、このような葛藤を抱きつつも、「新聞歌壇で入賞したり、歌誌の一ページともなって行くうちに、歌は私の唯一の生きがいとな」り、「歌集『癒ゆるなき身の』を近く出版するまでになった」とし、手記を締めくくっている。

冒頭で長田が触れている去勢（睾丸摘出）手術は、子宮摘出手術と同様、優生保護法の規定にない手術である。この頃、重度障害者にこのような法定外の手術が行われ、障害当事者や関係者の間で話題になっていたことがうかがえる。長田は、子宮摘出手術のきっかけは医師の勧めにあり、これに反発しながらも、老親への負担や親亡き後を思うと手術を選択せざるを得なかったという。この時期、長田は「親亡き後の不安」を次のように詠んでいる。

われ生みし父母の負担は詮方なし兄へ負担となる身をおそる(14)
家族制度崩れたる世に不具われら父母亡き後の不安にをののく(15)

戦前からの伝統的な家族制度の下では、障害者の面倒は親きょうだいがみるのが当然だとみなされていた。しかし、一九五〇年代半ば以降の都市化・核家族化の進行、扶養意識の変化等により、徐々に親の死後に兄弟姉妹が障害者の世話をすることは当然視されなくなっていく(16)。こうしてこの時期、重度障害者たちは、親の高齢化と親亡き後の生活不安に直面することになった。長田が兄（夫婦）への負担を恐れつつ子宮摘出を決意せざるを得なかった背景には、このような時代状況もあったと考えられる。

長田は手記の中で、子宮を「女のいのち」「女の望みの源」と呼び、子宮摘出後の自分を「女であることを捨てねばならなかった女」「もう女ではなくなったはずの私」と表現している。「女は結婚し子を産んでこそ一人前」という性規範が存在した当時、子宮を失った女性は「女ではない」とみなされ、このような自己認識が後々までも長田を苦しめた。しかしその一方で、恋愛や結婚への憧れという「女の感情」は根強く生きており、ここに長田の葛藤が存在した。長田には次のような歌もある。

妻の座も母の座も永久になきわれにいゆるなき身の不自由さ加わる(17)
みどり児の写真を見れば胸うづく母となり得ぬいゆるなき身の(18)

このような葛藤を抱えつつ、長田は歌を生きがいに生きていくと述べている。

手記の掲載直後の一九六一年一二月、長田の最初の歌集『癒ゆるなき身の』が東雲発行所より出版された。歌集には「女などに生れし故と哀しみつつ子宮摘出の手術受け居り」など、子宮摘出手術を詠んだ歌も収録された。一九六〇年代初頭に重度障害女性自身が、子宮摘出手術の体験と苦悩を自らの言葉で表現し、公表していたことが注目される。それを可能にしたのは、外出もままならない在宅障害者たちに自己表現の場を提供した「しののめ」の存在であった。

長田の歌集は福祉関係誌や新聞で取り上げられ、大きな反響を呼んだ。その後も長田は作歌を続け、一九六〇年代を通してほぼ毎号『しののめ』に作品を投稿したものの、六〇年代末頃から障害の重度化で文字を書くことが困難になった。一九六九年六月の『しののめ』六五号では、長内愛子の筆名で「在宅重障者の希望と悩み」を書き、「身障者福祉法が制定されて以来〔略〕福祉の向上は目覚ましい程の進歩をとげつつ」あるが、「未だに重障者を受け入れる施設は余りにも数少なく、在宅患者の多くは、どんなに将来への不安と絶望の中におびえて居る事だろう。私自身、年老いた両親もすっかり病弱になり、近い将来施設への入所も考えなければならない」と述べている[19]。一九七〇年、長田は父親を亡くした後、第二歌集『追憶』を出版した。そして一九七二年、年老いた母親と別れて四三歳で千葉県の障害者施設に入所した。

一九六〇年代の「しののめ」や「青い芝」では、比較的軽度のCP者が地域での生活を始める一方で、長田のような常時介助を要する重度CP者は親元での生活か施設入所を選択せざるを得なかった[20]。一九六〇年代とは、伝統的な家族制度の下で親きょうだいに扶養されていたCP者らの生活が、障害の程度によって二極化していった時代だといえる。

この後、再び『しののめ』誌上で子宮摘出手術が話題になるのは、一九六〇年代半ばのことである。

二　一九六〇年代における親・専門家の議論

（1）小林提樹と「全国重症心身障害児（者）を守る会」

前述のように、当初、障害者福祉施策の対象外に置かれた重度障害児者の問題が福祉関係者の間で顕在化したのは、一九五〇年代後半のことである。この時期、成人の問題以上に注目を集めたのは子どもたち、なかでも重度の知的障害と重度の肢体不自由をあわせもつ重症心身障害児（以下、重症児）の問題であった。当時、重症児を受け入れる施設はなく、親は社会的支援のない中で孤立したまま重症児を保護・養育しなければならなかった。追い詰められた親たちによる障害児殺し、親子心中等がマスコミで報道され始めるのもこの頃からであった。

この頃、重症児福祉の分野で大きな役割を果たしたのが、のちに「重症児の父」と呼ばれる小児科医でクリスチャンの小林提樹（一九〇八〜一九九三年）である。[21] 日本赤十字社産院（一九二二年開設。現・日本赤十字社医療センター）の小児科医であった小林は、障害児の親たちを支援するため一九五五年に月例の療育相談会「両親の集い」を開始し、翌年には月刊誌『両親の集い』を創刊した。また、五七年には全国社会福祉大会等で「法の谷間」に置かれている重症児の存在を訴え、「恒久的な施設」を要望した。これが、福祉関係者の間で重症児問題が顕在化する契機となる。

一九六一年五月、小林提樹と親・支援者たちは東京都南多摩郡多摩村（現・多摩市）に日本最初の重症児施設「島田療育園」（現・島田療育センター。以下、療育園）を開設し、小林が園長となった。同園の開園を機に重症児問題はマスコミにも取り上げられ、社会の関心を集めるようになる。六三年には作家の水上勉が『中央公論』に公開状「拝啓　池田総理大臣殿」を書き、障害児の父親の立場から重症児対策の欠落を告発した。人気推理作家であった水上の訴えは大きな反響を呼び、マスコミが重症児対策キャンペーンを行う契機となった。一九六五年五月、朝日新聞は長期連載企画「おんもに出たい」を開始する。この頃、親による障害児の殺害事件が起こるたびに施設不足がまねいた悲劇としてマスコミが報じ、世論を大いに喚起した。

一方で、一九六四年には小林が主宰する「両親の集い」を母体に、重症児の親の会「全国重症心身障害児（者）を守る会」（以下、「守る会」）が結成され、小林が発行していた『両親の集い』は会の機関紙となった。同会は、親の過重介助負担や「親亡き後の不安」を訴えつつ、重症児者のための特別立法制定や施設拡充等を求めて強力な運動を展開し、その運動は日本の重症児者対策のあり方に大きな影響を及ぼしていく。当時は保守・革新を問わず、大多数の人々によって施設建設こそが重度障害児者問題解決の道だとみなされていたのである。このような運動と世論の高まりを受けて、一九六〇年代後半以降、政府・自治体が重度障害児者施設の拡充政策を推し進めた。一九六七年の児童福祉法の一部改正では、重症児施設が児童福祉施設として制度化された。

それでは次に、小林（一九六四年以降は「守る会」）が発行していた『両親の集い』（以下、『集い』）等を用いて子宮摘出手術をめぐる親・専門家の議論を検討する。

（2）「断種手術」についての小林提樹の見解

子宮摘出手術に関連する話題が『集い』に登場するのは、療育園の開園から一年あまりが過ぎた一九六二年夏のことであった。施設開設後の一年間の経験から重症児専門施設はどうあるべきかを総合的に検討した小林は、六二年八月の『集い』七八号に木村美平の筆名で「重症心身障害児専門施設の在り方」を書いた。

この中の「性から見た収容」「性別による分類収容は必要」の項で、小林は、「十才以上の年令のものは〔略〕性別の分類収容を必要とする」、「療育園では、男性対女性の比は一対二になっている。これは、ある社会的事情〔略〕のために成人女性の収容を受け入れたためで、それ以後は十才以上の男性はベット生活だけのものでなければ、一応受け入れ難くなってしまったのである」と述べている[22]。

身体が子どもから大人に変わる十歳以上の者は男女別の分類収容が必要だとし、療育園では成人女性を受け入れたために、その後、十歳以上の男性はベッドで寝たきりの者しか受け入れられなくなってしまった、というのである。十歳以上の男女の分類収容だけではなく、成人女性がいるために十歳以上の男性は寝たきりの者しか入所させないなど、小林がきわめて厳重に男女間の接触を避けていたことがわかる。続けて、「断種手術が必要」の項で小林は次のように述べている。

性における一番大きい点は、性的行動である。しばしば異常行動が発生し、しかもそれが伝播する傾向をとるものであるばかりでなく、非行にまで発展して隔離を必要とすることも考えられるからである。

療育園では、まだこのような経験はないが、自慰的行為の認められるものは三名いる。

この障害児たちが成長しても家庭を営む能力を考えられないとすれば、当然ここに優生手術、または断種手術が浮んでくる。それは年長児をもつ親の誰もが等しく憂慮するところであるが、優生手術は妊娠中絶《（ママ）》の手段に過ぎないので、性欲の異常高進や月経に対しては何らの意義をもっていない。そこで、睾丸摘出、卵巣摘出という断種手術が望ましいことになる。

その処置さえできないのに、月々無用に回りき、しかも、その前後においては興奮して異常行動を示すとなれば、有害でもあるこの月経を、何とか止める手段をとることは、本人のためは勿論、看護者にとっても幸福といわざるを得ない。〔略〕重症児に対しては、このような処置が認められる必要がある。もし、その援護制度が成立する時は、是非この項は挿入されてほしいところである。(23)


冒頭で小林は、施設が抱える性における最大の問題点は「性的行動」だと指摘している。これが問題視される理由は、男女が入所する施設での「性的行動」がしばしば「異常行動」や「非行」にまで発展し、「隔離」を必要とすることさえあるからであった。ここでは「異常行動」や「非行」の内容は具体的に示されていないが、すでにみたように、小林が十歳以上の男女の接触を厳重に避けていたことから、入所施設における男女間の性のトラブル・性被害とその結果としての妊娠などを、園長の立場から危惧していたと考えられる。

そして、この障害児たちが成長しても「家庭を営む能力」がないのであれば、このような問題への対応策として「優生手術」と「断種手術」が浮上するものの、優生保護法に基づく「優生手術」は単に妊娠させないための手術でしかないので、「性欲の異常高進」や「月経」をなくすためには「断種手術」（睾丸摘出、卵巣摘出）が望ましいというのである。つまり、小林が問題視していたのは、性のトラブル・性被害の結果としての「妊娠」だけではなく、人間にとって当たり前の身体現象である「性欲」や「月経」そのものであり、これを抑え、なくすことが必要だと考えていたことが確認できる。ところで本来、優生手術とは断種手術である。にもかかわらず、小林が両者を区別し、睾丸・卵巣等を摘出する法定外の手術のみを「断種手術」と呼んでいる点には、注意を要する（以下、本稿では小林のいう意味で「断種」という言葉を使用する）。

また、自分で処置さえできないのに毎月「無用」にめぐってきて、しかもその前後に興奮や「異常行動」を伴い「有害でもある」月経を止めることは、本人（の苦痛をなくし）、看護者（の介助負担を軽減するため）双方にとって良いものだとし、重症児の（特別立法が制定されて）援護制度が成立する際にはこれを盛り込んでほしいというのであった。

この文章からは、小林が施設を開設したばかりの一九六二年という早い時期から、男女間の性のトラブルや性被害を予防し、入所児の「性欲」を抑え「月経」をなくすために「断種手術」が必要だと考えていたこと、また、重症児の月経を「無用」で「有害」なものだとし、月経を止める「断種手術」が本人と看護者双方のために望ましく、法定化されるべきだと考えていたことが読み取れる。このような考え方の根底には、成長しても「家庭を営む能力」がない障害児には生殖機能はいらない、という価値観、および卵巣や睾丸を「子を産む道具」としてしかみない身体観があったといえよう。また、この時期に月経をなくす手段と考えられていたのは、子宮摘出ではなく卵巣摘出手術であったことが注目される。

(3) 施設入所と子宮摘出手術――親・専門家の議論――

『集い』誌上に再び「断種手術」の話題が現れるのは、一九六五年六月のことであった。『集い』一一〇号の読者相談欄に掲載された「断種について」である。(24) そこでは、知的障害を伴うCPの一六歳の娘(H)をもつ母親で「守る会」会員のM・Sが、娘の施設入所をめぐる悩みを次のように訴えている。

一番心にかかる問題は生理のことです。自分で始末のできる子どもは手術の必要はないが、自分で始末のできない子どもさんは親に話して協力して貰っていますとのこと〔略〕生理をなくす手術をしても副作用はないものでしょうか。〔略〕手術による副作用が皆無ならHにはあって益なきものですので手術を受けさせようと思います。世話をすることは簡単ですし、自然に逆らうことは感情的にも気がすすまないのですけれど、将来他人の中で生活をしなければいけない運命の子であってみれば、また、入園希望の施設がそれを望まれるのなら決断しなければいけないと思います。

ここで問われているのは、施設入所の条件として施設側から求められる「生理をなくす手術」に親はどう対処すべきか、という問題である。母親は、重度障害児である娘の月経(あるいは子宮)は「あって益なきもの」なので、もし副作用がなければ、施設入所のために気が進まない手術を受けさせるとしている。娘の月経(子宮)を「あって益なきもの」だとする背景には、「重度障害者に出産・育児はできない(してはいけない)」という固定観念と、子宮を「子を産む道具」としてしかみない身体観があったといえよう。なお、文中では「生理をなくす手術」の具体的方法は示されていないが、この後、娘Hが受けたのが子宮摘出手術であったことから、ここで言う手術は同手術だったと

みて良いだろう。(25)

これに対して回答者は、手術には「女性らしさを失って心身ともに男性化して」くる等の副作用があるとしつつも、「人間性という点では決してそれを失うほどのものではないのですから、見方によっては大した問題でもあるまいともいえましょう」とし、次のように続けている。

月経に伴う症状は消失しますので、Hちゃんは勿論、取り扱う人たちも助かります。それは大へん好ましいことですので、将来重障児のための法律が生れる時は、是非断種を実施できるようにして頂きたいと思います。〔略〕是非収容をしなければならぬところに追いこまれた立場であれば、施設の要望に対して応えてあげないと、それは実現しないでしょうから、致し方がないわけです。いろいろな面を考慮して実施にふみきるべきことはいうまでもないことです。

ここでは療育園の医療関係者だと思われる回答者が、手術の副作用を「大した問題」ではないとし、施設入所のための手術を親に積極的に勧めている。月経がなくなることは、本人と介助者双方にとって「大へん好ましいこと」なので、「重障児のための法律」ができる時には「断種」を法定化してほしいとも訴えている。一九五六年の創刊から「守る会」が発足する六四年まで、『集い』は複数の筆名を使って小林提樹がほぼ一人で執筆・編集していたが、ここで取り上げた読者相談欄の回答は一九六五年に書かれているため、回答者が誰なのかは特定できない。ただし、小林は一九八七年まで『集い』を監修していたので、(26)この回答が小林の考えに沿うものであることは間違いない。

さて、『集い』一一〇号に掲載された「断種について」の内容は、一九六五年一一月二七日に朝日新聞の重症児救援キャンペーン「おんもに出たい」で取り上げられた。「おんもに出たい　思春期　大きな壁〝生理の問題〟　希望の施設入りめぐって」である。記事では相談者が実名・杢早苗で登場し、手術を決断するまでの親の葛藤をより詳しく次のように述べている。

からだも知能も一人前でないHが、完全な女として誇れるただ一つのものを、母親の意志でつみとることの重大さ。法にふれることを承知の上で実行しなければ施設に入れてもらえない現実。自分たちの死後のことを考えれば、このチャンスを逃したくないというあせりから、意を決して主人に相談しました。〔略〕そして得た結論は、人さまのお世話になるのなら、できるだけ世話のかからない状態にして、子どもが可愛がられるようにしておくのが親のつとめであり、Hの幸福につながる道だということ。ただし家で面倒をみるのなら、法にふれたり、自然に逆らうことはしたくないと意見は一致したのです。摘みとるにはあまりにも幼く、残酷な気がするのです。

杢は、娘にとって女の誇りである月経をなくすことを「残酷」だと感じ、手術が「法にふれ」ることに躊躇しつつも、親の死後を考え、他人の世話になるなら、手術によってその介助負担を軽減することが「親のつとめ」であり本人の「幸福」につながるとし、手術を決断するに至っている。杢が、家で面倒をみるのなら手術は受けさせたくないと言うように、施設入所は親たちに子宮摘出手術を決断させる誘因となった。「親亡き後の不安」を抱き、我が子を施設に入れることこそが本人の「幸福」につながるとする親たちは、手術を受け入れざるを得なかったといえる。娘の子宮摘出に協力することが「親のつとめ」だとする背景には、「障害者の世話をするのは親の責任」であり、「他人に迷惑をかけてはいけない」という社会規範があったといえよう。このような規範の下では、娘の子宮を摘出することまでもが親の責任・つとめとみなされたのである。

なお、この新聞記事「おんもに出たい　思春期」を読んだ後、障害当事者の立場から施設入所と子宮摘出問題を論じたのが、『しののめ』・『青い芝』の会員である吉田道子であった。吉田の主張については三章で取り上げることとし、次項では重症児の月経に関する療育園職員の研究報告と小林提樹の見解を検討する。

（4）研究報告「重障児と生理」と小林提樹の見解

一九六八年一〇・一一月発行の『集い』一五〇・一五一号には、療育園の女子病棟の職員らによる「重障児と生理」という研究報告が掲載されている。[27] 同報告は、一九六七年に療育園内の病棟研究会で報告された後、同年の小児保健学会で発表され、さらに六九年発行の『島田療育園のあゆみ』№3に再録されている。

報告は、一九六七年当時の女子病棟五〇余名のうち四分の一以上（一五人）が初潮を迎えた「生理児」であり、「日常のことすら問題の多い重障児に、生理という現象が加わると、子どもたちはもちろん、介護する勤務者にとりましても、肉体的、精神的に大変な労力を費している」と述べている。たとえば、ある一六歳九か月の知的障害児の場合、「体重が三十九キロあり、重障児としては重く、取り扱いはきわめて困難」、「また、生理期間中、便、尿のおもらしが多くなり、生理帯は勤務者が洗濯することになっているため、一日数回の便尿のおもらしをされると泣き出したくなることもある。また、軽度の不眠と興奮がみられる、パットに手をふれて、手に汚物をべったりつけている、などの問題点がある」とされている。職員たちを悩ませたのは月経の処置だけではなく、月経時の児童にみられる情緒不安定、腹痛、拒食、自傷・他傷行為等の症状や「問題行動」であった。

さらに、「生理児」を除く同病棟の児童の平均年齢が九歳七か月であるため、「あと四～五年ののちには九〇パーセントに近い子どもたちが生理をみることにな」るとし、「こんなことを考えてみますと、本来ならばこの子どもたちには生理などというものはない方が好ましいのではないかという考えさえ出て」きて、「最終的には『手術（子宮全摘出術）』ということが考えられます」としつつも、同手術の法律上の問題、娘の初潮を喜ぶ親の気持、また重症児も「同じ人間であるということ」、「手術にともなう当人の苦痛、危険性、あるいはその後の行動変化など」を考慮すると、「介助者側の介助にともなう精神的、また、肉体的な負担という理由のみで、手術する、ということは、少々問題があるかと思われます」、「現段階においては、手術を考えるそれ以前に、介助方法、設備の問題、子どもの編成等、種々検討する余地があると思います」と述べている。

施設職員たちが報告するのは、重症児に対する月経介助負担の大きさであった。そしてその負担は、子どもたちの成長に伴う「生理児」の増加によって、その後ますます増大することが確実視されている。そのような中、職員たちは、負担軽減の最終的な手段として子宮摘出手術を提案しつつも、それ以前に他の方法を検討すべきだとして報告を締めくくっている。

一九六九年にこの研究報告が『島田療育園のあゆみ』№3に再録される際、報告の末尾に小林提樹の所見「法的な対策」が掲載された[28]。その中で小林は、「重症児施設を開設した当初においては〔略〕当面の問題で追われるばかりの毎日であったが、だんだん施設も整備され、運営も軌道にのり始めてくるとともに、全く思いがけない事態で我ながらあきれかえるようなことが起ってきた。その一つにこの女性の生理があった」とし、「飛躍するが、結局重症児の断種手術は法的に許してもらえないだろうか。職員の労苦を知っている立場である私の悲願の一つである」と述べている。施設開設当初は顕在化していなかった「女性の生理」の問題が、「施設も整備され、運営も軌道にのり始めてくる」頃に問題化したとは、どういうことだろうか。

研究報告「重障児と生理」によれば、一九六七年五月当時の「生理児」一五人のうち一三人が、六一年の療育園開園後に次々と初潮を迎えている。つまり、施設開設から年月が経ち入所児が成長するに従って、病棟内の「生理児」の数が増え、職員の介助負担が増大した。小林が指摘するのは、このことだと考えられる。そして前述のように、四

～五年後には五〇人あまりの女子病棟の九〇％近い子どもたちが「生理児」となることが確実視されていたのである。

一方、小林はここでは触れていないが、同時期に深刻化した問題の一つに職員不足の問題があった。高度経済成長期の一九六〇年代、労働力不足は社会一般の傾向でもあった。そのような中、療育園では、過重労働や低賃金、立地条件の悪さ等から職員（特に看護師）が集まらず、園は、開園当初から慢性の職員不足に悩まされていた。特に第三期工事によって病床数が増えた一九六四年度には、入所定員一六九人に対し入所者数は一〇四人で、人手不足のため六五ベッドが空いていた(29)。施設を拡張しても職員がいないため、子どもを受け入れられない事態となっていたのである。このように、一九六〇年代末に小林が「断種手術」の法定化を「悲願」と述べた背景には、月経介助をはじめとする職員の過重労働や職員不足の深刻化があったと考えられる。

二　施設入所と子宮摘出手術――障害当事者の主張――

（1）吉田道子の主張

一九六五年一一月二七日付の朝日新聞「おんもに出たい　思春期」を読んだ後、施設入所と子宮摘出問題を論じたのは吉田道子であった(30)。一九六六年七月の『しののめ』五九号に掲載された「『おんもに出たい』を読みて」である。

吉田は一九二九（昭和四）年に生まれた。病院勤務の父、母、本人、弟、妹の五人家族で、家にお手伝いさんがいる比較的裕福な家庭で育つ(31)。未熟児早産でＣＰ児として生まれたものの、言語障害は軽く、時間はかかるが日常生活動作はすべてできた。小学三年まで光明学校に通った後、家族で千葉県夷隅郡大原町（現・いすみ市）に移り、ここで普通小学校と高等女学校を卒業する。一九四五年に女学校を卒業した吉田は、職業補導所に入るなど職業自立を目指したがかなわず、五七年、二八歳で重度CP男性と見合い結婚をした。夫は商家の一人息子で、夫の親が吉田に期待したのは一人息子の世話と孫を産むことだったという。親が建てたアパートの経営と婚家の経済援助の下、吉田は二児を産み育てた。当時は、「女は結婚し子を産んでこそ一人前」という性規範があった。いち早くそのような生き方を実践した吉田は、当時のCP女性のパイオニア的存在であった。

吉田は、一九六六年七月の「『おんもに出たい』を読みて」の冒頭で、施設入所の際「生理をなくす処置を親が自発的に協力すべきかどうか」について「女として冷静に考えてみよう」とし、まず月経についてこう述べている。

近年初潮が早くなったので、一生のうちに二千日もブルーデーがくることになる。重症精薄女性は本人もさることながら、それを世話するのも大変だ。実さいに困るのはねたっきりより、動き回るものだろう。汚れ物の後始末は自分のもいやなものだ。母親だったら、しかたなし。姉妹だったら大めいわく。まして他人は「このできそこないめ」と云うところか。

吉田は月経日を「ブルーデー」と呼び、月経は「重症精薄女性」(32)＝重症者本人と介助者の双方にとって「大変」で「いやなもの」だとした上で、母親による月経介助は仕方ないが、姉妹や他人による介助は「大めいわく」かそれ以上だという。母親とその他の者の役割を分けて論じるのは、「障害者の面倒は（母）親がみるもの」とする前提（社会規範）があるからだろう。次に、施設入所時の子宮摘出手術についてこう述べる。

私がもしそういう娘の親だったら、ためらうことなくそれに協力する。全部人手にゆだね、生理の自覚もないのならせめて人にやっかいをかけるのを少なくしておくのも親の愛だと思う。それから私がいまのまゝ身体だけ最もひどい状態だったら、これ又ためらうことなく、ゆううつと屈辱とに決別してしまうだろう。いくら職務とはいえこういうことまで世話する側に同性としてすまない気さえする。

吉田は、もし自分が重症者の親、または最重度の身体障害者だったら、施設入所の際には進んで手術に協力するという。重症者は他人に「やっかい」をかける存在なので、手術によりそれを減らしておくことが子に対する「親の愛」だというのである。我が子を他人に「やっかい」をかけない状態にすることが「親の愛（つとめ）」だとする考え方は、前にみた重症児の母・杢早苗と共通する。背景には、障害者とその家族に向けられた「他人に迷惑をかけてはいけない」という社会規範があり、それを障害当事者である吉田自身も内面化していたといえるだろう。また「いくら職務とはいえこういうことまで」という表現からは、「月経＝隠すべきもの、汚いもの、恥ずかしいもの」というネガティブな月経観が読み取れる。そのような伝統的な月経観をもつ吉田にとって、他人による月経介助は「ゆううつ」・「屈辱」そのものであり、それと決別するためには自ら進んで手術を選ぶというのである。

さらに吉田は、「優生法にものってない目的と方法の手術などをするのはいかにも、むごくて痛ましい気がするが、〔略〕重症精薄の中には骨折しても泣かない。手術の後も感じない者がいるらしい。（親から聞いた話で三人が三人とも）少しは気がらくかもしれない」と述べている。ここでは、吉田が重症者の親から聞いた話として、重症者の中には痛みを感じない者がいる、だから手術をしても「少しは気がらくかもしれない」とした点が注目される。意思表示が困難な重症者に対するこのような無理解・偏見を、親や障害当事者の吉田も共有していたといえるだろう。

そして最後に、吉田は手術の法定化について次のように述べている。

将来重症心身障者（ママ）（児）の終身収容施設ができ療育福祉法なるものの終りに、本人又は保護者の希望により生理をなくす手術を受けることが出来る、とでも記したらよいかと思うが。もしこの方法をうけた後で、奇跡がおこり、〔略〕結婚しても性生活にはさしつかえなく、女性ホルモンも止ったわけではない。〔略〕たゞ子供は望めないだけである。

将来、重症児者の福祉法がつくられる際に法の末尾に手術ができると記せばよいという提案は、前にみた小林提樹の主張と共通する。そして、もし手術をした女性に奇跡が起こり、のちに結婚しても、ただ子どもを産めないだけで他に大きな支障はないというのである。

以上みてきたように、障害当事者である吉田は、施設入所の際の子宮摘出手術と手術の法定化に全面的に賛成した。このような考え方の根底には、月経や月経処置は「大変」で「いやなもの」だとするネガティブな月経観、「障害者の介助は親の責任」であり「他人に迷惑をかけてはいけない」という社会規範、重症者に対する偏見等が存在した。子宮摘出手術に対する吉田の考え方の特徴は、当時の社会の一般的な価値観や規範を内面化した上で、重症児の親や専門家の意見に共感していた点にある。とはいえ、障害当事者である吉田は、なぜ親や専門家の意見に共感し、重度障害女性に対する子宮摘出を肯定したのだろうか。この点をより深く考えるため、次項では一九六〇年代における吉田道子の生き方と思想を分析する。

（2）吉田道子の生き方と思想

一九五七年四月、結婚前の吉田道子は『しののめ』誌上に「小児麻痺雑感」を書き、ＣＰ者として生きてきた年月の「並々ならぬ苦労」を振り返った。[33] 吉田は子ども時代の経験をこう述べている。

肢体不自由者とくに脳性で一人外出可能な人等はもう幼時より人に眺められ、はやされ、ガキ太郎には石をぶつけられ、転ばされ、泣かされた経験は数えきれぬはずだ。

戦前から戦後しばらくの間、一人で外出できる軽度CP者は家の外でこのような露骨ないじめに遭った[34]。なかでも知的障害のないCP者にとって辛く屈辱的だったのが、CP特有の外見や言語障害のために知的障害者とみなされることであった。学校帰りの子どもたちに娘が「クルクルパー」と言われるのを見て、吉田の母親は「泣かんばかり」に悔しがった。「外形がどうあろうとも頭が足りないと人に思われるのが一番悲しく嫌」なのだという。

さらに吉田は、知的障害のないCP者が抱える苦悩を次のように述べている。

私たちは幸か不幸か、知能的な面は正常である。〔略〕正常であるために種々な苦労を感じる、一層の事、今五才位の程度だったら、おそらくのんきなもので人形を抱っこして喜んでいるかもしれない。〔略〕精神が健全であれば願望や、欲望や意欲や感情などは健常者と同様活発に活動するのに五体がその意にならぬもどかしさ、その苦悩を世の人はおそらく考えた事もないであろう。

そして最後に、『しののめ』の〔略〕皆様が、ひるまず社会から孤立せず、自ら理解させて大いに頑張っていらっしゃる事を大変たのもしく思って居る一人です」として文章を締めくくっている。

吉田は、戦前生まれの軽度CP者らが経験したいじめの実態を語り、なかでも知的障害者とみなされることが当事者や家族にとって最も悲しく辛いことだと指摘するとともに、種々の苦労を感じ願望や感情を認識できるからこそ、知的障害のないCP者の苦悩は深いのだと訴えた。そして、このような社会に対し「ひるまず社会から孤立せず、自ら理解させ」ようとする仲間たちの生き方を称賛している。

この文章を書いた後しばらくして吉田は結婚し、翌一九五八年に長男を出産した。妊娠を知った時の心境を吉田は後にこう述べている。

私たち夫婦はCPでも、健常な子を生み育てることが出来ることを示せば、万といるであろう同じCPのあとへつゞく者のためにどれほど希望と勇気がわいてくることか、私には責任があった。(35)

結婚や出産の可能性を周囲から否定されてきたCP者が「健常な子」を産み育てることができるという前例を示し、後進のCP者たちに希望と勇気を与えることが、自らの責任だととらえていたのである。(36)吉田は、子どもの入浴を隣人に手伝ってもらう以外は、家事・育児をすべて自分でこなした。子どもの遠足・運動会やPTAにも参加し、人並みに暮らすことを心がけた。そして、自らの結婚・育児の体験を積極的に『しののめ』や『青い芝』に書き、後進のCP者らに結婚を勧めた。

「身障者をのろわれた者のように見る世の中が改善されない限り」、障害者を親にもつ子どもが可哀そうなので「子をつくらない」という意見(37)には真っ向から反対し、「身障者をのろわれた者としてみる世を、しいたげられたみじめな者からあたりまえの人としての幸を私たちが身をもって示すより、改善の方法がないと私は思う」と述べている。(38)つまり、しいたげられたみじめな者であるCP者が、「あたりまえの人」として幸せに暮らす姿を身をもって示すことでしか、身障者を呪われた者のように見る社会を改善する方法はないというのである。

しかし一方で、このような吉田にとって、知的障害を伴うCP者は自らとは異質な存在であった。一九六五年、「しののめ」の新年会の印象を吉田はこう書いている。

「しののめ」の新年会に出ておどろいたことに明らかに精薄者がきたことである。W障害の脳性マヒ者は本当に困る、私宅でちょっとしたことがあったが、あえてここではさしつかえるので発表しない。その本人のためではなく、そうでなくともゴカイされやすい脳性マヒ者のためにである。世間にバカと思われるのは一部のWの故なのだ。[39]

文面からはこの頃、吉田と知的障害を伴うCP者の間になんらかのトラブルがあったと推察される。おそらくそのような経験も通して、吉田は重複障害のCP者は「困る」存在であり、世間が「CP者＝知的障害者」と誤解する原因はこのような一部の重複障害者の言動にあると考えた。吉田がCP者を知的障害のある者とない者とに分け、前者を自らにとっては異質で誤解を招く存在ととらえていることが指摘できる。

一九七一年、『しののめ』誌上に「差別の感情・弱い者いじめ」[40]を書いた吉田は、激しいいじめに遭った子どもの頃から「社会への適応の仕方」を模索してきたとし、「現在でもそれは続いている。この原稿を書いて、しののめにだすのも、幼稚園の遠足についていったのも、PTAに出席するのも、もういや応なく現実社会に適応していかねばならぬからだ」と述べ、また次のようにも書いている。

私はどうしても健常者の中へ入っていき、文字どおり我が手でこと足りる役目は社会を構成する一員として、責任分担を引受けようと思うのだ。つまりそれが権利を主張するための義務であり、毎日の充実感であり、人間の愛情をたしかめ、そして世の中にあたり前な人間として脳性マヒを理解させることになる。

その様な連帯感や認識能力が欠落してしまったのが精神障害で、未発達で不足なのが精薄だと私は思うのだ。脳性マヒ重度であってもそのいずれでもない場合は、現実社会で何とか割り込んでいけると思う。

吉田は、「いや応なく現実社会に適応」するため並々ならぬ努力を重ねてきたという。それは、自らをいじめ排除しようとする「健常者」の中に入っていき、社会の一員としての責任・義務を果たすことを通して、CP者も「あたり前な人間」であることを世の中に理解させることであった。そして吉田にとっては、社会に適応するための「連帯感」や「認識能力」に欠けるのが精神・知的障害者であり、たとえ重度CP者であっても精神・知的障害を伴わない場合は、現実社会で何とか生きていくことができると考えたのである。

以上みてきたような吉田の生き方と思想の原点には、子どもの頃から知的障害者のように扱われ、いじめられてきた被差別体験があったと考えられる。社会から誤解され疎外されてきたからこそ、人一倍努力して社会に適応し、社会の一員としての責任を果たすことを通して、CP者に対する社会の認識を変えようとしたのである。そのような吉田にとって重複CP者は「困る」存在であり、「CP者＝知的障害者」だとする誤解の原因でもあるとみなされた。吉田の憤りや批判の矛先は、障害者をいじめ排除しようとする社会に向かわず、より不利な立場の障害者に向けられたといえる。

子宮摘出問題を論じる中で、吉田が重症者を他人に「やっかい」をかける存在だとし、施設入所の際の子宮摘出手術や手術の法定化に全面的に賛成した背景には、このような吉田の生き方と思想があったといえよう。

おわりに

戦後障害者運動史における一九六〇年代とは、親・福祉関係者・障害当事者らによる重度障害者運動が高揚し、なかでも施設拡充を求める親の会等の運動が政府・自治体の障害者政策に多大な影響を与えた時代であった。本稿では、この時期の運動の担い手である当事者・親・専門家が、なぜ、どのような論理で障害女性への子宮摘出手術を容認・推進していたのかを分析することを通して、この時代の重度障害者運動が抱えていた困難や問題性をとらえようとした。以下、親・専門家の運動と当事者運動の二つに分けてまとめたい。

小林提樹と「守る会」会員の李早苗は、ともに一九五〇年代後半から重症児施設建設のために運動してきたメンバーである。島田療育園園長の小林は、施設内の性のトラブル・性被害の防止と職員の介助負担軽減のため「断種手術」が必要だと主張した。なかでも将来「家庭を営む能力」のない重症児にとって月経は「無用」で「有害」なものだとし、月経をなくす手術（当初は卵巣摘出手術、その後、子宮摘出手術）が本人と職員双方にとって有益だと考えた。そこで手術の法定化を訴え、親たちには施設入所の際の手術を推奨したのである。背景には、一九六〇年代の重症児施設が抱える職員の過重労働と職員不足の問題があった。

一九六〇年半ばには「守る会」の親と専門家の間で、施設入所の条件としての子宮摘出手術の是非が問題化した。この頃、施設入所の際に障害女性に対し子宮摘出を求める施設があったからである。この問題に直面した親の李早苗は、女の誇りである月経をなくすことを「残酷」だと感じ、手術が「法にふれ」ることに躊躇しつつも、親の死後を考え、他人の世話になるなら、手術によってその介助負担を軽減することが「親のつとめ」であり本人の「幸福」にもつながるとして手術を容認した。親による手術の容認に影響を与えたのが、「障害者の世話をするのは親の責任」であり、「他人に迷惑をかけてはいけない」という社会規範であった。

小林と李に共通するのは、施設建設こそが重症児者問題解決の道だと考え運動していた点である。小林が施設の経営と存続を、李が我が子の施設入所を優先する中で、当事者を身体的・精神的に傷つける法定外の子宮摘出手術が肯定・容認されていったといえるだろう。

次に、障害当事者の長田文子と吉田道子についてである。「しののめ」や「青い芝」のCP者にとって一九六〇年代とは、伝統的な家族制度の下で親きょうだいに扶養されていたCP者の生活が、障害の程度によって二極化する時代であった。六〇年代前半から結婚して地域社会で独立した家庭をもつ会員が増えるとともに、六〇年代後半には施設にいた会員が施設を出て地域で生活する動きも始まった。しかしその一方で、常時介助を要する重度CP者たちは親元での生活か施設入所を選択せざるを得なかった。吉田と長田はその両極に位置していたといえる。

在宅重度CP者の長田文子は、一九五六年に子宮摘出手術を受けた。長田の事例は、子宮摘出問題が施設内の問題であるばかりでなく、在宅障害者の問題でもあったことを示している。医師に手術を勧められた長田は反発を感じつつも、親の高齢化や親亡き後の不安から手術を決断せざるを得なかった。術後は、「女は結婚し子を産んでこそ一人前」とする当時の性規範の下、子宮を失うことは「女でなくなること」という意識と結婚への憧れとの間で葛藤した。そのような葛藤を抱きつつも在宅で作歌に励んでいたが、親の死・高齢化と自身の障害の重度化のため、一九七二年に施設入所の道を選択せざるを得なくなった。

他方で、軽度CP者の吉田道子は、月経は「大変」で「いやなもの」というネガティブな月経観に立ち、重症者に対する母親による月経介助を仕方ないとする一方で、他人による月経介助を「めいわく」と位置づけた。そして、重症児者や重度身体障害女性が施設に入所する際には子宮摘出手術に協力すべきとし、手術の法定化にも賛成した。吉田の考え方の根底には、「障害者の世話をするのは親の責任」であり、「他人に迷惑をかけてはいけない」という規範や精神・知的障害者や重複障害者に対する偏見等が存在した。

昭和初期生まれで、子どもの頃から露骨ないじめに遭い、知的障害者と誤解され蔑まれてきた吉田は、社会に適応し社会の一員としての責任を果たすことを通して、CP者に対する社会の認識を変えようとした。そのような吉田にとって、知的障害を伴うCP者は「CP者＝知的障害者」という誤解の原因となる「困る」存在とみなされた。吉田が施設入所の際の子宮摘出手術や手術の法定化に賛成した背景には、このような吉田の生き方や価値観があったのである。

ところで吉田道子は、一九六〇年代の「しののめ」や「青い芝」において、CP者の結婚や「地域での生活」普及の推進力となった人物である。以前、高度経済成長期の「青い芝」の運動を分析した筆者は、このような吉田の実践家・オピニオンリーダーとしての活動を高く評価した。しかし今回、子宮摘出問題に対する吉田の主張を通じて見えてきたのは、吉田の別の側面、すなわち、精神・知的障害者や重複障害者に対する忌避感や偏見である。そして、このことは吉田個人の問題ではなかった。

「青い芝の会」の結成から約半年後の一九五八年六月、会長の山北厚はある雑誌への投稿文で、同会の目的の中には、CP者が「今までとかく世間から精薄と同一視されていた」のに対し「その大部分は知能、精神共に常人と変りないということを、世間に広く訴え理解してもらう仕事があるのです」と述べている(41)。つまり、「CP者＝知的障害者」という社会の誤解を解きCP者の大部分が「常人と変りない」と訴えることは、「青い芝」の目的の一つでもあったのである。このような考え方に立って、会は一九五〇年代後半から六〇年代にかけて、CP者を知的障害者と同一視するマスコミ報道や行政機関に対する抗議活動などを展開した(42)。

このように一九六〇年代の「青い芝」の運動は、あくまでも知的障害のないCP者のための運動であり、知的障害者や重複障害者に対する忌避感や偏見を内包するものであった。そして、この時期の会員たちがそのような偏見から自由になれなかったのは、差別意識を内在した戦後日本社会に適応しようとした結果であったと考えられる。

このような見方が知的障害者に対する差別に当たるとして会内外から厳しく批判されるのは、会内で差別告発運動が台頭する一九七〇年以降のことである(43)。一九七〇年代の「青い芝」では、障害者が社会に適応するのではなく、障害者を差別・排除するような社会のあり方そのものを問い直し、変えていくべきだと考えられるようになった。すなわち、一九六〇年代のCP者らが一般社会に適応しその一員になろうとするがゆえに、戦後社会の価値感や規範を内面化していったのに対し、一九七〇年代の差別告発運動は、そのような既存の価値観を根底から疑い変革することを通じて、社会のあり方を変えていこうとするものだったのである。七〇年代以降の「青い芝」の運動が、知的障害を伴う重複CP者の問題にどう向き合い、どのような運動を展開したかについては、今後の研究課題としたい。

注

(1) 一九九三年六月一二日付毎日新聞。

(2) 日本弁護士連合会「旧優生保護法下における優生手術及び人工妊娠中絶等に対する補償立法措置に関する意見書」二〇一八年一二月二〇日、四頁。https://www.nichibenren.or.jp/library/ja/opinion/report/data/2018/opinion 181220 2.pdf（二〇二一年五月一日閲覧）

(3) 厚生省大臣官房企画室編『厚生白書　昭和三一年度版』東洋経済新報社、七九頁。

(4) 拙稿「高度経済成長期における脳性マヒ者運動の展開—日本脳性マヒ者協会『青い芝の会』をめぐって—」歴史学研究会『歴史学研究』七七八号、二〇〇三年。

(5) 「地域での生活」を求める具体的な運動として、一九六八年、同会は東京都議会に対し、都営住宅建設戸数の何パーセントかを身体障害者用住宅とする「身体障害者用優先割当制度」等を求める請願運動を展開した。

(6) 堤愛子「優生思想が生んだ女性障害者の子宮摘出—日本にもある強制不妊手術」『インパクション』一〇五号、インパクト出版会、一九九七年／瀬山紀子「日本に於ける女性障害者運動の展開（1）七〇年代から八〇年代後半まで」『女性学』第八号、日本女性学会、二〇〇一年／瀬山紀子「声を生み出すこと—女性障害者運動の軌跡」石川准・倉本智明編著『障害学の主張』明石書店、二〇〇二年／大橋由香子「日本における『子宮摘出』について—産婦人科医療と優生思想の連続性」M・ダラ・コスタ編著・勝田由美他訳『医学の暴力にさらされる女たち—イタリアにおける子宮摘出』インパクト出版会、二〇〇二年／利光恵子『戦後日本における女性障害者への強制的な不妊手術』立命館大学生存学研究センター、二〇一六年。

(7) 一九六五年に厚生省（当時）が行った実態調査では、全国の重症心身障害児数は一万七三〇〇人、そのうちCPを原因とするものが一万三一〇〇人で約七六%にのぼっている（厚生省編『厚生白書　昭和四一年度』大蔵省印刷局、三八一―三八二頁）。

（8）しののめ編集部『身障三〇年史』しののめ発行所、一九七八年、三九頁。

（9）高垣によれば、当時、CP者同士が結婚し子を産んだ先例がなかったため、障害が遺伝することを特にCP者の親たちが心配し、それが結婚への反対理由の一つになっていた（『しののめ』三四号、一九五七年九月、三〇頁）。高垣の子どもについて久保（吉田の旧姓）道子は、「最初の遺伝でない証明の意義ある赤ちゃんは、後へつづく私たち脳性マヒ者の両親を安どさせ、当人同士を鼓舞いたします」と述べている（同二七頁）。

（10）性別役割規範の強い当時の家庭では、家事・育児は妻の仕事とみなされていた。また、一九六七年に国の身体障害者家庭奉仕員（ホームヘルパー）派遣事業が創設されるまで、在宅障害者への公的な日常生活援助制度はなかった。そのため、この頃までは、家事・育児を担える軽度CP女性にしか結婚の機会がなかったと考えられる。

（11）和田光司・美和子『愛の証しのとき　ある脳性マヒ夫婦の記録』実業之日本社、一九六五年、一三二頁、『青い芝』四二号、一九六五年一二月、五頁、『しののめ』八三号、一九七七年三月、五頁。

（12）ただし、一九六〇年代半ばの「青い芝」では生活保護の下に結婚する者たちがあらわれ、CP者の結婚が急増した。以後、CP者が生活保護により地域で生活する例が増えていった。

（13）以下、長田のプロフィールについては、「著者略歴」長田文子『癒ゆるなき身の』東雲発行所、一九六一年、および一九六一年一二月一五日付読売新聞「闘病の半生を歌に託して　歌集を出版した長田文子さん」によった。

（14）『しののめ』三九号、一九五九年一〇月、五五頁。

（15）同四三号、一九六一年二月、四三頁。

（16）重度障害児の親の一人は、一九六四年にこう述べている。「親の老後または死後、だれがこのいのちを守ってくれるのか。それは必ずしも兄弟姉妹ではない。彼等には彼等の生活や生き方があるのであり、肉親のために自己を犠牲にしてはならない。そうした事態に追い込んではならない親の責任がある。」（傍点原文。日本肢体不自由児協会『手足の不自由な子どもたち』六〇号、一九六四年四月、二頁。）

(17)『しののめ』四一号、一九六〇年七月、五四頁。
(18)同四二号、一九六〇年一〇月、四一頁。
(19)同六五号、一九六九年六月、二二—二三頁。
(20)前述のように、一九六〇年代後半の「青い芝」では施設にいた会員が施設を出て、生活保護を受けながら地域で暮らす動きも始まった。しかし、これらの会員は身辺自立がなんとかできる程度のCP者であった。常時介助を要する重度CP者がボランティア等の力を借りて地域で生活し始めるのは、一九七〇年代以降のことである。
(21)以下、小林提樹と「全国重症心身障害児（者）を守る会」に関しては、主として堀智久「重症児の親の運動と施設拡充の政策論理」『障害学のアイデンティティ　日本における障害者運動の歴史から』生活書院、二〇一四年、八四—一〇五頁によった。
(22)『両親の集い』七八号、一九六二年八月、二一頁。
(23)同二一—二二頁。
(24)同一一〇号、一九六五年六月、九—一〇頁。
(25)李早苗『私には蒼い海がある　重症心身障害の娘と母の記録』双葉社、一九七五年、二三八頁。
(26)根本順子「小林提樹の生涯と仕事をふりかえる—重症心身障害児と共に生きる母親を支える実践と思想—」日本臨床教育学会『臨床教育学研究』第五巻、二〇一七年、一八七頁。
(27)『両親の集い』一五〇号、一九六八年一〇月、一四—一七頁、および同一五二号、一九六八年一二月、二〇—二三頁。
(28)『島田療育園のあゆみ』№3、社会福祉法人日本心身障害児協会・島田療育園、一九六九年、八三頁。
(29)同№2、一九六九年、一二八頁。
(30)同新聞記事については、山北厚が一九六六年一月の『しののめ』五八号で取り上げ「おそろしい優生保護」を書いているものの、山北は子宮摘出手術にはほとんど触れていないため本稿では取り上げない。
(31)以下、吉田のプロフィールについては、吉田道子「私見聞障害者記」『しののめ』九七号、一九九〇年五月、九—一三頁、同「結婚まで」同三五号、一九五八年三月、二〇—二三頁等によった。

(32) 文中で吉田は、「重症精薄女性」「重症精薄」「重症心身障者（児）」という言葉を使っているが、そもそも新聞記事「おんもに出たい　思春期」が重症児問題を取り上げたものであること、また、吉田が他の文章（「私たちに関係のある話（1）」『青い芝』七九号、一九七〇年八月、七頁、「CPの福祉とは」同一五頁）の中で「重度＝単一の障害で障害程度が重いもの」、「重症＝重複障害」という使い方をしていることから、これらの言葉はすべて「重症心身障害（児）者」を指していると判断した。

(33) 『しののめ』三三号、一九五七年四月、二五―二七頁。

(34) このような状況は、都市化やマスコミ報道の影響で一九五〇年代後半頃から徐々に変わっていった。一九五七年頃には『東京の所謂旧市内など』では「殆んど奇異の目でじろじろみられたり、後指を指されたり」することがなくなったという（同三四号、一九五七年九月、三六頁）。

(35) 同四〇号、一九六〇年四月、五九頁。

(36) 吉田は、生まれたばかりの長男に向けて「お母さんは、あなたがCPだとする危惧があれば絶対に生みません」とも書いている（同四一号、一九六〇年七月、一七頁）。障害者である親が「健常」な子どもを望むという心理が「青い芝」の運動により批判されるのは、一九七〇年代に入ってからのことである（横塚晃一「CP者の親子関係について」『青い芝』七八号、一九七〇年六月、九―一〇頁）。

(37) 『青い芝』四二号、一九六五年一二月、六頁。

(38) 同四三号、一九六六年一月、四頁。

(39) 『しののめ』五六号、一九六五年六月、六一―六二頁。

(40) 同七四号、一九七二年四月、一〇―一三頁。

(41) 『私たちの希望』第五巻第五号、平和の世界社、一九五八年、三一頁。

(42) 知的障害者とCP者の同一視に対する抗議活動等については、廣野俊輔「『青い芝の会』における知的障害者観の変容―もう一つの転換点として―」日本社会福祉学会『社会福祉学』五〇巻三号、二〇〇九年、一八―二八頁に詳しい。

(43) 『青い芝』七九号、一九七〇年八月、および同別冊（発行月不明）を参照。

政治経済史の復権

浅井　良夫

Ⅰ　政治経済史とは何か?

かつて服部之総は、政治史は歴史学における「猫の背くび」のようなものだと述べた。経済史家の中村政則は、生前、この言葉を好んだ。

歴史学界の潮流とおよそ無縁の私が、今回、「現代史の扉」に登場する機会が与えられたのは、私が中村の弟子であることが一つの理由だと聞く。二〇一八年に、私も編者の一人として加わった『中村政則の歴史学』（日本経済評論社）が刊行された際に、私は座談会の司会を務めただけで、積極的な形で中村史学を論じることはなかった。そこで、改めて機会を設けるので、現代史について思うところを存分に述べたらどうか、というのが本誌の編集者の趣旨のようである。

そうであるならば、なおさら、中村が気に入っていた、服部の『近代日本のなりたち』「序章」の、この言葉から書き始めるのが相応しいだろう。(1) この言葉は以下のコンテクストのなかに置かれている。(2)

政治史こそは文学史や思想史とちがって、最も綜合的な、最も集中的な全体性の把握を必要とするものである。そういう意味で私の考えでは、いわゆる社会史とか綜合という暗中模索的な言葉でいわれている方法的なものは、実は政治史でなければならないと考える。政治史とは経済史から異なった政治だけの歴史、あるいは思想だけの歴史、文学だけの歴史というようなものでなく、最も包括的な、そして集中的な歴史のつかみどころ——猫の背くびのようなものが政治史であると考える。

服部の「猫の背くび」論は、グラムシを思い出させる。グラムシは、下部構造（経済構造）と上部構造（統治システム＝国家）とは不可分の「歴史的ブロック」だと主張した。(3)「歴史的ブロック」の意味するところは、下部構造と上部構造が相互に影響し合うという常識的なマルクス理解よりも強く、両者が一体であるというに近い。さらにグラムシは、上部構造（統治システム）を強制と同意調達（ヘゲモニー）の二面でとらえ、強制の側面は主として「政治社会」（政府等の公的組織）が、同意調達の側面は主として「市民社会」（組合、学校、教会等の私的組織）が担うと考えた。(4)グラムシは、「陣地戦」による下からの変革の拠点を「市民社会」に求めた。こうしたグラムシの主張は、政治史を「猫の背くび」に見立てる服部の思考と通じる。

「歴史的ブロック」として歴史を把握する方法を「政治経済史」と呼ぶことにする。中村は、服部の政治と経済の統一的把握を高く評価し、(5)みずからの歴史研究においても、政治経済史の視点を貫いた。また、私が中村から学んだ最大のものは、この政治経済史の方法であったと思う。(6)

ところが、久しい以前から、政治史も経済史も、人気のないマージナルな歴史学の領域となっている。それだけでなく、政治史と経済史との距離も開いているように感じる。歴史学研究会が、二一世紀最初の一五年間の歴史学界を回顧した『現代歴史学の成果と課題　第四次』（全三冊、績文堂出版、二〇一七年）は、最近の歴史学の広がりと多様さを紹介した研究史サーベイであり、刺激的で面白く、読んでいて倦むことがない。しかし、本シリーズの目次の章・節のタイトルには、「政治」という言葉も、「経済」という言葉もまったく登場しない。このシリーズが政治や経済を論じていないわけではなく、環境、帝国主義、植民地、国家統合などを表題に掲げた章のなかで、触れられてはいる。一方、経済史の成果としては、『岩波講座　日本経済の歴史』（全六巻、岩波書店、二〇一七～一八年）が最近刊行された。数量経済史をメインとした企画であるが、伝統的な経済史家も参加している。レベルの高い研究が多く含まれ、現時点の経済史研究の一つの到達点であろう。このシリーズを見て印象的であったのは、同様に数量経済史家を中心に編集された前回の『日本経済史』（全八巻、岩波書店、一九八八～九〇年）に含まれていた政治史の章が姿を消した点である。経済史への純化に、現在における経済史と政治史との間の距離を感じる。政治経済史を云々する以前に、それを支える基盤である経済史や政治史の研究が歴史学のなかでマージナル化し、脆弱になっている現状を直視しなければならないだろう。

転じて、欧米の歴史学界に目を向けるならば、一九七〇年代以降に一世を風靡した「文化論的展開」、「言語論的展開」は、二一世紀に入ると勢いを失い、代わってグローバル・ヒストリーが席巻しつつある。(7) グローバル・ヒストリーについては、何冊かの入門的な邦語文献が存在するが、そのなかで私は、ゼバスティアン・コンラートの『グローバル・ヒストリー』（小田原琳訳、岩波書店、二〇二一年）に着目している。

コンラートは、グローバル・ヒストリーを画期的方法だと無批判に受け入れるのでもなく、また逆に、昔から存在した歴史叙述の一タイプにすぎないと切り捨てもしない。国境を超えた相互作用を分析する歴史手法であり、国内と国外の二分法を超える試みであると、グローバル・ヒストリーを高く評価する。その一方で、グローバル・ヒストリーの、構造を否定しネットワークを重視する姿勢、歴史空間をトランスナショナルな「大洋」（＝地中海、大西洋、太平洋等）に求める手法については、国民国家概念を時代遅れと決めつける短絡的主張につながり、「自由な市場」という虚構を支持することにもなると批判する。また、時間軸を極端に長く、人類史全体にまで拡大する一部のグローバル・ヒストリーについては、結局は地理的決定論・環境決定論に陥ることになるのではないかと危惧する。コンラートは、ビッグ・ヒストリーとしてのグローバル経済史に対しては、「社会的・政治的ヒエラルキーの問題をばっさりと切り落としている」（二三〇頁）と批判的である。

コンラートが、グローバル・ヒストリーのなかで、とりわけ挑戦的な試みであり、有望だと見るのが、時間軸を短期間に取り、境界を超えた歴史的事象の絡み合いを解明する「共時性」アプローチである（一四九―一五五頁）。「共時性」アプローチの一例として、コンラートは、一九九〇年代の日本・中国・韓国における記憶をめぐる論争を、冷戦の終結、東アジアの政治的・経済的・社会的変容のなかから生まれた「新しいアジアの公共圏」と解釈する彼自身の研究を挙げている。

振り返って見ると、私がかつて三〇年近く前に、第二次世界大戦後の日本の「戦後改革」を、「横からの改革」という舌足らずの表現で規定した時、おぼろながら、「共時性」アプローチに近いものを意識していたように思う。「戦後改革」を、占領軍による「上からの改革」としてではなく、一九三〇年代以降の世界的な経済・社会改革の一環としてとらえるべきだというのが私の主張の骨子であった。(8) ただし、その時は、議論を常識的なレベル以上に展開する力はなく、そのままになってしまった。現在、

「戦後改革」を取り上げるとすれば、東アジアを一体として論じ、日本の占領と並行して行われた朝鮮半島の解放と脱植民地化の過程、すなわちアメリカによる帝国主義的な南朝鮮の統治、韓国の権威主義体制の成立を含めて一貫した論理で説明しなければならないだろう。最近の歴史学の成果を見回せば、すでに日本の研究者によって「共時性」アプローチが試みられていることに気づく。なかでも、第二次世界大戦後の海外引揚を一国史を超えた東アジアのなかで検討し、さらに同時期のドイツ、イタリアとも比較した加藤聖文の『海外引揚の研究―忘却された「大日本帝国」』（岩波書店、二〇二〇年）は、その秀逸な事例である。

私の思い描く政治経済史は、一国史を超えた「共時性」のグローバル・ヒストリーであるが、研究史の現状では一挙にそこまで到達するのは困難であろう。そこで、本稿では、グローバルな「共時性」を意識しつつも、日本現代史研究に存在する政治史・経済史・社会史の間隙をいかにして埋め、政治経済史的把握に近づくかに焦点を合わせたい。具体的には、まず、厚い実証研究の成果が存在する世界大恐慌（昭和恐慌）前後の経済政策史を取り上げ、政治史と経済史の間隙について考察し、ついで、日本の歴史学の新潮流である「生存の歴史学」に即して、政治史と社会史の関係を検討する。

Ⅱ　昭和恐慌の政治経済史

一九二九年に勃発した世界大恐慌は、資本主義の歴史における分水嶺であった。その原因については、資本主義の構造的矛盾の発現であると見る古典的なマルクス主義のテーゼのほかに、英国からアメリカへの覇権国移行時の世界経済の不安定（キンドルバーガー）、国際金本位制への固執（テーミン）、アメリカの金融政策の誤謬（フリードマン）に求める説など、さまざまな解釈があるが、大恐慌が二〇世紀最大の経済史上の事件であったという認識は今でも歴史家に共有されている。日本の経済史研究においても、昭和恐慌は最大のテーマの一つであり、幾多の優れた研究が積み重ねられてきた。一方で、政治史の側では、昭和恐慌前後の一九二〇年代から三〇年代について、普通選挙制の成立および政党政治の展開に関する研究が存在する。しかし、経済史と政治史との間の問題意識のズレは大きく、そのズレを埋める試みも乏しい。

私には政治史についての十分な知識がなく、ましてや、研究史を内在的に読み解く能力など持ち合わせていないので、ここでは経済史研究者の成果を通じて、政治経済史の可能性を探ることにしたい(9)。

政治経済史的アプローチの基準点を、一九七〇〜八〇年代の戦間期日本経済史研究をリードした三和良一の経済政策史に求めるのが適切であろう(10)。三和以前にも幾多の国家独占資本主義論(現代資本主義論)は存在したが、一九二〇〜三〇年代日本の経済構造と政策体系を現代資本主義とかかわらせて実証的・論理的に解明した経済史研究は三和に始まると言える。三和は、現代資本主義を、過剰資本・過剰労働・利潤率低下の形で顕在化した資本主義の危機に対する対応として把握した(11)。そして、日本においてこの危機対応は、利潤保証政策、完全雇用政策、生産力保証政策からなる政策体系として高橋財政期(一九三一〜三六年)に成立したとする。三和説の新しさは、①井上財政を古典的自由主義、高橋財政をケインズ主義と対照的に見る通説に対して、井上財政のなかにも、現代資本主義の特徴(労働政策や産業政策)を見出した点、②高橋財政が経済軍事化に途を開いたとする説を批判し、高橋財政は民需拡大に重点があり、この時期までは「日本経済が平和的方向に向かう可能性があった」とした点、③従来、ケインズ主義的に需要面(金融・財政政策)を中心に把握されてきた井上・高橋の現代資本主義政策に、生産力保証政策(=産業政策)を加えた点にある。

以下では、三和の議論の核心にある、①階級宥和政策、②ケインズ政策、③生産力政策を、①ファシズム、②普通選挙制、③「生産性政治」のキーワードと結びつけることにより、経済政策史から政治経済史への展開の道を探ってみたい。

①ファシズム

現代資本主義論は、階級対立激化による体制的危機への対応としての階級宥和政策（労資同権化）をその不可欠の要素とみなしてきた。この議論を日本に適用しようとする際に難点となるのが、一九二〇～三〇年代の日本経済の後進性である。重化学工業化が進んだとはいえ、日本はアメリカ型大量生産・大量消費社会とはかけ離れた状態であった。それだけでなく、西欧のように、深刻な階級対立を克服するために本格的な労資同権化政策が導入されることもなかった。そこで、戦間期日本を現代資本主義への移行期と規定しようとすれば、階級宥和政策の弱さをどう説明するかが問題となる。

三和は、日本においても、他国とは異なる形ではあったが、第一次世界大戦後において、利潤率低下と、修復不可能な国際収支不均衡という形で経済危機が存在したと主張する。ただし、労働と資本との階級対立は先鋭化していなかったため、体制的危機は資本の側の主観的意識に留まり、日本では「宥和政策」は微弱だったと結論づけた(12)。

これに対して橋本寿朗は、日本はようやく第一次世界大戦末に古典的帝国主義段階に達したばかりであり、危機的状況にはなかったと見た。日本の現代資本主義化は、世界経済の中心の変化に強制された「他律的」なものであったと、外的契機説を唱えた。その上で、一九二〇年代初頭以降に再編された階級関係は、「現代資本主義化の内圧を極小点で抑えた労資関係」であったと、三和と同様に、階級宥和

政策の不十分さを指摘した。(13)

これらの議論を踏まえて、新たな視角を持ち込んだのが武田晴人である。武田は、一九二〇年代を、現代資本主義への移行期ではなく、帝国主義の確立期と位置づけた。(14)武田は、第一次大戦期以降の重化学工業化により帝国主義体制が確立し、「調停法体制」として支配体制の帝国主義的再編が行われたとする。「調停法体制」は、①重化学工業の大企業において自力で達成された労資関係の安定と、②周辺部門（農業や中小企業）の「紛争」への政府の介入（小作調停法等）による伝統的秩序の補強の二つの柱からなる。大企業は安定しており、周辺だけが動揺していたと見る視点がこの説の特徴である。武田は、一九二〇年代を帝国主義確立期と規定することで、体制危機⇒階級宥和の議論の難点を回避した。それと同時に武田は、「社会的弱者の不満を吸収する回路」（＝「調停法体制」）と普通選挙制度によって一九二〇年代半ばに帝国主義的な「国民統合」が実現したという構図を示すことにより、政治史との議論の接点を作ろうとした。(15)

しかし、武田の期待に反して「調停法体制論」に対する反響は弱く、政治史研究者との対話は不発に終わった。最近、高嶋修一はその原因について考察し、武田の議論が「経済史」の枠内に押し込められてしまった点、一九三〇年代への展望を明示していない点などにその理由を求めている。(16)四〇年を経た現時点で、改めて武田の議論を読み返してみると、「調停法体制」＝共同体的農村秩序の再編成という図式は、森武麿によって否定された石田雄の共同体再編成論に立ち戻ったような印象を与え、農村史との接点を作れなかったような気がする。(17)そのことは、換言すれば、一九二〇年代＝帝国主義確立期と規定したことにより、ファシズムを論じる道を閉ざしてしまったということでもある。(18)

もう少し議論を広げれば、現代資本主義論の枠組みで、ファシズムを論じることができるかという問題になろう。現代資本主義論には、ファシズム期を括弧に入れて、第二次世界大戦後に直結させる傾向がある。[19]ワイマール期に労働者側が獲得した権利は、ナチス期にほぼ無に帰した。イタリアにおいても、労働組合のファシズム労働組合への一本化、コーポラティズム体制への労働組合の包摂を経て、最終的には労働組合は無力化させられた。[20]現代資本主義論を唱える加藤榮一は、ナチズムは「鬼子」であり、現代資本主義はドイツから場所を替えて、ニューディールにおいて実現したとする。[21]しかし、現代史はファシズムを抜きにして論じることはできない。[22]

⑵普通選挙制

日本におけるケインズ主義的政策を最初に取り上げたのは、中村隆英と長幸男であった。ケインジアンの経済学者である中村は、井上財政を、古典派経済理論が現実と合わなくなっていた時代に、「教科書通りの経済政策を強行しようとし」た失策と断じ、ケインズの『一般理論』を先取りした高橋財政を高く評価した。[23]長の研究は、中村よりも政治史との接点がある。[24]長は、中間層（農民等の小生産者や中小企業）がファシズムに流れ込んだ原因は、金解禁以前の時期に新平価解禁、積極財政を実施し、経済の安定を図らなかった政府の誤りにあると指摘した。長は、高橋財政期では、もはや軍国主義に歯止めをかけるのは不可能だったと見る。そして長は、金解禁前に拡張的経済政策を提言した石橋湛山を高く評価し、現実的な経済政策を提起する意思を持たなかったマルクス主義者に批判の矛先を向ける。

もし、ケインズ的政策を支持したとしても、果たして当時のマルクス経済学者にどれだけの影響力があったかという疑問は湧くが、長の著書には、一九七〇年前後の革新統一戦線への期待と、硬直的マルクス主義への批判という当時の問題関心が強く反映されている。

その後、一九八〇年代以降に経済史研究者の関心が産業革命期から両大戦間期に移り、井上・高橋財政期の政策については、加瀬和俊、伊藤正直、井手英策、鎮目雅人、佐藤政則らの優れた実証研究が発表された。しかし、それらの研究の成果が十分に反映されないまま、二〇〇〇年代になると、ジャーナリズムで高橋ブームが巻き起こり、高橋財政はたんなる財政拡大・金融緩和の代名詞になってしまった観がある。[25]

戦間期経済史の研究の活発化に対応する形で、この間に経済史と政治史との対話が進んだようにも見えない。その一因は、政治史の対象の中心が中央政治に置かれたこと、中央政治の政局分析からのアプローチには限界があることによるのではなかろうか。長幸男と坂野潤治は、ともに、「自由主義と社会民主主義の結合」という信条に立っているが、政友会三土忠造の積極財政にその可能性を求める長と、浜口民政党内閣の社会政策に希望を見出す坂野とでは結論は正反対である。[26]中央の政治の動向から歴史を読み解こうとすれば、自分が求めるものを中央の政治家の言動のうちから恣意的に選び出す結果になりかねない。

それよりも、経済史と政治史の接点を、市民的権利・政治的権利・社会的権利の発展との関連に求める方法の方が有益と思われる。かつてT・H・マーシャルは、イギリスを念頭に、一八世紀を市民的権利に、一九世紀を政治的権利に、二〇世紀を社会的権利に割り当てる図式を示したが、[27]日本の場合にはこの三つが二〇世紀に重なり合って現れた。一九二〇年代には、政治的権利（普通選挙制度）、社会的権利（小作調停法の制定、労働組合法の挫折）、市民的権利（治安維持法）の問題が絡み合って出現した。一九世紀末以降二〇世紀はじめにかけて西欧では、選挙権拡大により労働者政党・農民政党の飛躍的な発展が見られたが、[28]日本の場合には、一九二〇～三〇年代の無産政党の伸びは顕著ではない。男子普通選挙の実施過程を分析した林宥一は、一九二〇年代には、農村地帯の町村会選挙で小作人町村議の顕著な進出が認められるのに対して、都市では労働者議員は少なく、都市の住民のアパシー（棄権率の高さ）が顕著であったと指摘した(29)。また、大門正克の研究では、農村における普選実施が、地主議員の激減と同時に、小作と自作の分裂をもたらした事例を紹介し、普選の影響の複雑さを明らかにした(30)。さらに、地方政治史を分析した源川真希は、普選体制が確立するのは一九三〇年代後半の都市における社会民主主義政党の躍進、制限選挙への復帰論の挫折を経た、一九四〇年前後になるとの説を唱えた(31)。

社会権の承認をめぐる政治過程は、議会と並んで、あるいは、議会と争う形でコーポラティズム的統治形態が台頭する過程でもある。前述のように日本では階級対立は激化せず、本格的なコーポラティズムへの動きは見られなかったが、普選制度とコーポラティズムを交差させながら論じる視点も必要となろう(32)。

③「生産性政治」

マルクス経済学は、講座派・宇野派を問わず、経済過程還元論からの脱却が困難であったように見える。たとえば、大内力は、金本位制離脱後の資本主義（国家独占資本主義）を、「自律的に維持し再生産してゆく力を喪失し、政治力によって調整されてゆく以外には存続しえ」ない「『生命維持装置』づきの体制(33)」と呼んだ。大内にとっては、国家は資本主義にとっては外的な存在であり、倒れる寸前の資本主義を支える杖に過ぎない。

こうした、国家の介入を資本主義の末期症状だと見る議論は、現実とあまりにも乖離しているため、説得力を失っていった(34)。この点は、おそらく多くの歴史家も感じているところであり、私の意見はさして特異な主張とは受け取られないと思う。問題は、それに対置しうる歴史把握はどのようなものか、ということになる。私には理論的体系を用意するだけの力量はないが、漠然と考えていることを示してみたい。

大きな見取り図として私が描くのは、一九世紀型資本主義から戦間期の移行期を経て、第二次世界大戦後の二〇世紀型資本主義へと移行するという図式である[35]。一九世紀型資本主義は、家族・同族的資本所有、家父長的労務管理、ブルジョア的政治支配、名望家的社会秩序といった特徴を持つ。それに対して、二〇世紀後半に確立した二〇世紀型資本主義は、法人資本主義（企業における官僚制の確立）、科学的労務管理と団体交渉にもとづく労資関係、普遍的な参政権、単婚小家族に基盤を置く社会秩序を特徴とする。戦間期を、資本主義の没落の開始点ではなく、変容過程と見る点が、現代資本主義論との違いである。ロシア革命は一九世紀型資本主義の弱点をみごとに突いたが、「資本主義の全般的危機」をもたらしたわけではない。

三和は、現代資本主義の政策に生産力保証政策（産業政策）を加えた。この点は慧眼であると思うが、戦間期の生産力保証政策は、縮小する市場のなかでの独占企業の地位の確保という消極的な性格を脱却できなかったように見える。政府が経済成長を目標に掲げる「生産性政治」によって、第二次世界大戦後に資本主義体制は安定期に入った。「生産性政治」というのはアメリカの現代史家チャールズ・メイヤーが提唱した概念である[36]。メイヤーは戦間期に欧州諸国で階級協調が挫折し、安定が実現しなかった主たる理由を生産力増強が図れなかった点に求め、第二次世界大戦後の安定は「生産性政治」によって実現したと主張した。メイヤーは、アメリカの対欧援助などアメリカの影響力拡大で戦後西欧の安定を説明しようとする傾向が強いが、私は、アメリカにおいても、第二次世界大戦後に初めて経済成長を意識的に追求する政策が取られ、経済に対する政府の関与が深化したことにより、二〇世紀型資本主義が確立し、安定がもたらされた点を強調したい(37)。

Ⅲ「生存」の歴史学と生政治

近年、大門正克が提唱する「『生存』の歴史学」が注目を浴びている。大門は、経済史から出発した歴史家であるが、『民衆の教育経験』(青木書店、二〇〇〇年、増補版は岩波現代文庫、二〇一九年)など、社会史に領域を広げて活躍している。大門は、私と同じ中村政則門下であるが、「『生存』の歴史学」は中村の名著『労働者と農民』を発展させたものと見ることもできよう。民衆の生活に密着した大門の歴史叙述の温もりのある手触りは、ややもすると知識人の特権の高みから見下ろす気配がある欧米の歴史分析にはあまり見られないように感じる。

しかし、「『生存』の歴史学」は、反響の大きさの割に方法論が深まっていないことが、私には気になる。その理由は、大門の方法論を正面から論じる者がほとんどいないことにある。素人の私が闖入するのは、いささか場違いではあるが、政治史と社会史の間隙を論じるために好適な対象と考えるので、未熟な議論にお付き合いいただきたい。

「生存」や「生」は、二一世紀への転換の頃から、歴史以外の分野でも、さかんに論じられ始めた。哲学者の宇野邦一は、長寿記録を更新している日本で、なぜわれわれは、「生命がひどくないがしろにされている」と感じるのかと問いかけ、変わったのは人々の感受性かもしれないと述べている(38)。大門が「『生存』の歴史学」を提唱するようになった切っ掛けは阪神淡路大震災であった。東日本大震災と併せて二回の大震災、二〇一九年に発生したコロナ・パンデミックはわれわれに生命の危機を認識させた。

しかし「生」の危うさの感覚は世界的な現象であり、日本だけのものではない。西ヨーロッパにおいては、大量の難民の到来が「生」に対する認識を深める契機となったと言われる。保護され監視されるフーコーの「生」と遺棄されるアガンベンの「剥き出しの生」とは背中合わせである。そのことを、われわれは現在、香港やミャンマーにおいて目撃している。

二〇〇〇年代中頃に歴史学研究会は、歴史家の新自由主義に対する感度の鈍さ、認識の遅れを指摘し、その克服を課題に掲げた。その議論の中心にあった大門は、「新自由主義の時代と現代歴史学の課題」をテーマとする二〇〇八年度の歴史学研究会大会において「『生存』の歴史学」を提起した(39)。二〇〇一年には小泉内閣が発足し、新自由主義的政策が急ピッチで進められるなかで、歴史家だけが新自由主義に無関心ではいられないという意識が広がりつつあった。

「『生存』の歴史学」の方法とはどのようなものなのかを簡単に見ておこう(40)。大門は、従来の歴史学は労働に重視を置き過ぎていたとし、労働と生活とを一体で不可分のものととらえる「生存」の視点を提示する。そして、「生存」の視点からの歴史分析が、新自由主義に対抗するために有効だと主張する。なぜなら、「生存」の場は、市場、国家、社会の接点であるので、「生存」を拠点とすることにより、歴史学は広い視野を獲得することが可能になるからだ。また、市場、国家だけでなく、社会も対象に組み込むことで、主体の側の視点を確保できる。さらに、公領域と私領域を合わせた検討を通じて、家族のなかの権力関係やジェンダーの問題へもアプローチが可能となる。

それでは、このような方法にもとづく歴史叙述とは、具体的にどのようなものなのだろうか。大門は、論文のなかで、方法論の提示と併せて歴史実証分析を行うことで、みずから範を示している。『歴史学研究』掲載の二論文が行っているのは、一九五〇〜六〇年代の岩手県農村の女性の生活改良グループの分析と、一九六〇～七〇年代の大阪の夜間中学の分析である。前者では、岩手県和賀町において初めてつくられた女性の自主的な団体が、婦人会や役場と連携して伝統的・家父長主義的人間関係を変えていったプロセスを描いている。後者では、夜間中学に四八歳で入学した在日朝鮮人の女性に焦点を合わせることにより、ジェンダーと植民地の問題に光を当てた。

大門が徹底的にこだわるのは、人びとが自分の過去の経験を、人と人とのつながりのなかで「とらえ返し」て、主体性を獲得していくプロセスである。しかし、大門の歴史分析に対しては異論もあった。二〇〇八年の歴研大門報告について、高岡裕之は、社会レベルに分析を限定する大門の方法では、福祉削減の新自由主義に有効に対抗できないのではないかと疑問を示した(41)。高岡は、大門に対する批判を踏まえて、二〇一一年度の日本史研究会大会において、「『生存』をめぐる国家と社会―二〇世紀日本を中心として」と題する報告を行った(42)。この報告で高岡は、二〇世紀日本における「社会国家」化（社会への国家の介入を特徴とする現代国家）の過程を、戦前から戦後を通して検証した(43)。高岡報告に対しては、大門から、高岡は社会を直接的に論じておらず、国家の政策だけを取り上げている、人口論を柱とする報告の組み立てでは「生存」を論じたことにならない、という批判がなされた(44)。このように、歴史学研究会、日本史研究会は「『生存』の歴史学」をめぐる議論の場を設け、活発な議論を引き出そうとしたが、残念ながら議論は深まらなかった。

どこに問題があるのだろうか。私は、その原因の一端は、大門の新自由主義認識の不十分さにあると観察している。新自由主義とは、自己責任、市場原理を標榜し、自立した強い個人に基礎を置き、人びとのつながり（共同性）を否定する「方法的個人主義」であるというのが大門の定義のすべてである(45)。この定義から導かれるのは、人間は他の人々とのつながりなしでは生きていけない弱い存在であるから、主体的に共同性を選び取らなければならないという、超歴史的な主張である。この主張に多くの人は同意するだろうが、歴史分析の基礎にはならない。大門の歴史叙述を賞賛する人は数多く存在しても、議論に発展しにくいのはこの辺に理由があるのだろう。また、和賀町の女性の組織「バッケの会」を発掘した大門の仕事に共感を覚えつつも、どこか「桃源郷」に迷い込んだような感覚に私が陥るのも、そのためかも知れない。

解決の糸口は、大門の「『生存』の歴史学」と高岡の「生政治」的な分析との位相の違いを認識し、その接点を探ることにあると思う。(46) フーコーによれば、人口は一八世紀に重農主義者によってはじめて政治的問題として取り上げられた。これを機に従来の「領土国家」から新たな「人口国家」への転換が起き、国家は「生き共存する存在の集合」である「人口」を統治の主要な対象とするようになった。人口を「その自然性において引き受け」、「数」として把握し、健康政策・人口政策を通じて管理しようとする統治形態をフーコーは「生政治」と呼ぶ。(47)

「人口の量と政策から眺望」(48)するのでは「社会的諸関係」を問うことにならないと大門から批判された高岡の手法は、フーコー的である。生を数量においてとらえ、統治することは近代の特質であるから、人口政策を軸に分析することは、まさに近代における「生存」を問うことになる。大門と高岡の二つのアプローチは、いかにして接点を持ちうるか。それについては、統治の側と主体の側とのせめぎ合いに目を凝らすことだろう、といった平凡なことしか、今のところ私には言えない。現に、高岡の『総力戦体制と「福祉国家」』(岩波書店、二〇一一年)は、この課題にある程度迫っているし、大門編の『新生活運動と日本の戦後』(日本経済評論社、二〇一二年)では「政治と生活と運動」の相互関連が意識されている。しかし、方法論における位相の違いを徹底的に突き詰めることは歴史学にとっては有益であり、そのためには、現代のイデオロギー状況を歴史的に把握することが不可欠となる。

そこで、新自由主義論に立ち戻ることにする。『生政治の誕生』と題された一九七八〜七九年度のフーコーの講義記録は、生政治にまったく触れることなく、全編が自由主義と新自由主義の検討に当てられている。[49] 分析は鋭く、サッチャー政権もレーガン政権も登場していなかった時に、これだけ透徹した分析ができたことに、驚くほかない。[50] ハーヴェイの『新自由主義』（作品社、二〇〇七年）と並ぶ新自由主義論の双璧と言えよう。フーコーは、ドイツのオルド自由主義から新自由主義を説き起こす。その理由は、西欧民主主義のなかに過剰な国家を見出し、それをファシズムと結びつける、一九七〇年代の西欧に広く存在した議論に異議を唱えるためであった。[51] 対抗すべきは、「国家の過剰」を攻撃する新自由主義の方なのだというのがフーコーの見立てであった。

新自由主義思想の特徴は、強い個人の強調ではない。私は、フーコーに倣って、個人を企業、投資家に見立てる思考様式にそれを見出したい。新自由主義においては、個人はもはや労働者とはみなされず、「人的資本」を持った企業家となる。新自由主義イデオロギーは主として経済学者によって作られた。一九世紀後半の「限界革命」で、希少資源をめぐる選択の学問に転換した経済学（新古典派経済学）は、一九三〇年代以降、経済現象以外にも目を向け、人間の行動様式全体を対象とするようになった。その代表者の一人が、「人的資本」概念を生み出し、結婚、家族、犯罪等の社会現象を経済学で説明しようとしたゲーリー・ベッカー（一九三〇〜二〇一四年、新自由主義者のモンペルラン協会の会員でもあった）である。一九七九年三月にフーコーが講義で、ベッカーの刑罰についての経済学的説明を紹介した際には、聴衆から「馬鹿々々しい」という笑い声が起きたが、現在であったらどうであろうか。[52] 人的資本や教育投資といった言葉は人口に膾炙し、もはや経済学者以外も違和感を持たない。

ベッカーの経済学は、すでに経済史の議論の基礎にも組み込まれている。[53]ポランニー流の言い方をすれば、イデオロギーの面において市場が社会を占拠する勢いは、現在でも衰えていないように見える。人びとの権利の拡大を進歩、削減を反動と呼ぶならば、ファシズムも新自由主義も反動に分類できる。しかし、物理的暴力が先行し、完成したイデオロギーを持たなかったファシズムと、[54]イデオロギーが優位で、物理的暴力がそれを補完する新自由主義とでは性格がまったく異なる。[55]主体性が真空の空間で形成されるのでない以上、主体的な営みが行われるイデオロギー空間の分析は不可欠である。

Ⅳ　おわりに

『年報　日本現代史』の「現代史の扉」は、歴史家版「私の履歴書」のような趣の欄であり、私はいつも息抜きの場として楽しく読ませてもらっている。ところが、今回は私の「随筆以上、論文未満」の未熟な議論で、「憩いの場」を奪ってしまったことを申し訳なく思う。抽象的・論理的な思考が苦手な私は、「歴史職人」を自認して、実証を離れた議論に立ち入ることを避けてきた。しかし今回は、編集委員会の求めに応じて、例外を作ることになった。よりスマートに議論を展開できる研究者は多々おられると思われるので、政治経済史の方法論を深めて下さる論者が続くことを期待したい。

注

（1）この服部の言葉に関する中村の記述は、中村政則『日本近代と民衆』校倉書房、一九八四年、二四五―二四六頁にある。

（2）服部之総『近代日本のなりたち』青木文庫、一九六一年、八―九頁（初版は日本評論社、一九四九年）。

（3）アントニオ・グラムシ（上村忠男訳）『新編　現代の君主』ちくま学芸文庫、二〇〇八年、二九頁。

（4）竹村英輔『グラムシの思想』青木書店、一九七五年、一三八―一四五頁。上村忠男「グラムシのマルクス主義について」前掲、グラムシ『新編　現代の君主』、四〇一―四〇二頁。società civile を上村は「倫理的社会」と訳しているが、本稿では旧来から馴染んでいる「市民社会」を用いる。また、グラムシは、市民社会の構成要素に企業を入れていないが、私は企業を加えるべきだと考える（竹村、前掲書、一四七―一四八頁）。グラムシがなぜ企業を上部構造に入れなかったかについては、私はグラムシの専門家でないので説明できない。企業を下部構造とみなしたというのが、素人なりの私の推測である。

（5）「服部之総と近代天皇制論」（一九七二年）、「講座派理論と我々の時代」（一九八三年）（いずれも、中村政則『日本近代と民衆』校倉書房、一九八四年に所収）。

（6）やはり中村から強い影響を受けた森武麿も、みずからの方法的基礎にグラムシを置いている（森武麿『戦間期の日本農村社会』日本経済評論社、二〇〇五年、三―四頁）。中村自身はグラムシに本格的に言及したことはないが、服部―中村―グラムシという連関は決して突飛な発想ではない。

（7）リン・ハント（長谷川貴彦訳）『グローバル時代の歴史学』岩波書店、二〇一六年。リン・ハントは、周知のように、斬新な視点で一八世紀フランス社会、フランス革命像を塗り替えた社会史・文化史の「巨匠」である。しかし、翻訳者の長谷川が、本書の結論に読者は「やや物足りなさを感じるかもしれない」（一六六頁）と漏らしているように、文化史の後の歴史学の行方について、リン・ハント自身が困惑し、戸惑っている様子が感じられる。

（8）森武麿ほか『現代日本経済史〔新版〕』有斐閣、二〇〇二年、八三―八五頁（初版、一九九三年）。

（9）政治史研究については、源川真希「近代日本政治史研究の現在地」『歴史評論』第八一七号、二〇一八年五月、が直近の時点での総括として有益である。

（10）三和の戦間期に関する研究は、後に、三和良一『戦間期日本の経済政策史的研究』東京大学出版会、二〇〇三年にまとめられた。

（11）現代資本主義論は、大内力の国家独占資本主義論を加藤榮一、馬場宏二が発展させた議論であり、三和良一、橋本寿朗、武田晴人らの経済史家に大きな影響を与えた。
（12）三和、同上書、三一六―三二六頁。
（13）橋本寿朗『大恐慌期の日本資本主義』東京大学出版会、一九八四年、三八一―三八三頁。
（14）武田晴人「一九二〇年代史研究の方法に関する覚書」『歴史学研究』第四八六号、一九八〇年一一月。
（15）武田晴人『異端の試み―日本経済史研究を読み解く』日本経済評論社、二〇一七年、五三八―五三九頁。
（16）高嶋修一「全体史としての武田史学―その史学史的位置づけ」武田晴人・石井晋・池元有一編著『日本経済の構造と変遷』日本経済評論社、二〇一八年。
（17）森武麿『戦時日本農村社会の研究』東京大学出版会、一九九九年。
（18）農家経済の危機的状況を強調した最近の武田の「昭和恐慌と日本経済」『岩波講座　日本歴史』第一七巻、二〇一四年でも、この点に変わりはない。
（19）たとえば、三和は「戦時期を現代資本主義としては例外的時期と評価しておきたい」と述べている（三和、前掲書、三五三頁）。
（20）高橋進『イタリア・ファシズム体制の思想と構造』法律文化社、一九九七年。
（21）加藤榮一『現代資本主義と福祉国家』ミネルヴァ書房、二〇〇六年、一三一―一三三頁。
（22）農村史研究の焦点はファシズムにあったが、今のところ、新たな日本ファシズム像の提示には至っていない。ちなみに、森武麿は『アジア・太平洋戦争』（集英社、一九九三年）、大門正克は『戦争と戦後を生きる』（小学館、二〇〇九年）で一九三〇年代～敗戦の全体像を描いている。前者は加害者としての日本民衆を、後者は人々の「生存の仕組み」を重視した点に特徴がある。また、森・大門とは対蹠的な「総力戦体制論」は、歴史家の多数の支持は得られず、実証研究が深まらないまま、一時の流行に終わった。
（23）『経済政策の運命』のタイトルで一九六七年に日本経済新聞社から刊行され、一九九四年に、『昭和恐慌と経済政策』（講談社学術文庫）と解題して復刊された。

(24) 長幸男『昭和恐慌—日本ファシズム前夜』岩波新書、一九七三年（一九九四年に補論を加えて同時代ライブラリーとして再版）。長は、すでに一九六三年に出版した『日本経済思想史研究』未来社で、井上・高橋・石橋湛山を詳細に論じており、井上・高橋財政への着眼は、中村隆英よりも早かった。

(25) この点については、高橋財政を手放しで賛美した中村政則の『昭和の恐慌』（小学館、一九八二年）にも、若干の責任はあるかも知れない。『中村政則の歴史学』に収録された、小島庸平による『昭和の恐慌』の書評（三一一—三一八頁）を参照されたい。

(26) 坂野潤治『近代日本の国家構想　一八七一—一九三六』岩波書店、一九九六年（岩波現代文庫、二〇〇九年）第四章。

(27) T・H・マーシャル、トム・ボットモア（岩崎信彦・中村健吾訳）『シティズンシップと社会的階級』法律文化社、一九九三年、一九頁。

(28) ただし、先進国においてアメリカでは例外的に労働者政党が発展しなかった。

(29) 林宥一「階級の成立と地域社会—労働・農民運動組織化とその影響」坂野潤治ほか編『シリーズ日本近現代史—構造と変動　3　現代社会への転形』岩波書店、一九九三年。

(30) 大門正克『近代日本と農村社会』日本経済評論社、一九九四年、第四章。

(31) 源川真希『近現代日本の地域政治構造』日本経済評論社、二〇〇一年。

(32) 戦間期に、スウェーデンでは議会政治と並行して国家レベルのコーポラティズムが進んだのに対して、イタリアでは議会の権限を停止する形でコーポラティズムが導入された。日本の場合には、産業報国会（一九三八年成立）がコーポラティズム的組織に該当するが、戦時の生産力増強を支える「官財複合組織」の性格が強かった（西成田豊『近代日本労資関係史の研究』東京大学出版会、一九八八年、第六章）。

(33) 三和、前掲書、四〇頁より引用。

(34) この点は、「万年危機論」と揶揄されることもあった山田講座派でも同じである。

(35) 私は、これまで「ケインズ主義的福祉国家」という用語を用いてきたが、この用語はケインズ主義に否定的だったドイツに馴染まないなど、普遍性に問題があるので、「二〇世紀型資本主義」を用いることにした。なお、橋本寿朗は一九九〇年代末に、現代資本主義論を放棄し、「二〇世紀システム論」を唱えている。本稿ではその詳細に立ち入らないが、「二〇世紀システム論」は二〇世紀をアメリカニズムの世界への普及の世紀ととらえるアメリカ覇権論（パックスアメリカーナ論）である（橋本寿朗「二〇世紀システムの形成と動揺」東京大学社会科学研究所編『二〇世紀システム』1、東京大学出版会、一九九八年）。

(36) Charles S.Maier, *In Search of Stability: Explorations in Historical Political Economy*, Cambridge University Press, 1987.

(37) Robert M.Collins, *More: The Politics of Economic Growth in Postuar America*, Oxford University Press, 2000.

(38) 宇野邦一『〈単なる生〉の哲学』平凡社、二〇〇五年、七―八頁。

(39) 歴史学研究会は、二〇〇八年度と〇九年度に新自由主義を全体会のテーマに掲げた。他の歴史系学会でも二〇〇七年以降、新自由主義をめぐる議論は活発化した。

(40) 大門正克「序説『生存』の歴史学―『一九三〇～六〇年代の日本』と現在との往還を通じて」『歴史学研究』第八四六号、二〇〇八年一〇月、同「『生存』を問い直す歴史学の構想―『一九六〇～七〇年代の日本』と現在との往還を通じて」『歴史学研究』第八八六号、二〇一一年一一月、同「『生存』の歴史学」歴史学研究会編『現代歴史学の成果と課題　第4次1　新自由主義時代の歴史学』績文堂出版、二〇一七年、同「『生存』の歴史をつなぎ直す―分断を越える道を探る」大門正克ほか編『「生存」の歴史と復興の現在』大月書店、二〇一九年。

(41) 高岡裕之・姫岡とし子「二〇〇八年度歴史学研究会大会報告批判（全体会）」『歴史学研究』第八四八号、二〇〇八年十二月、三四―三五頁。

(42) 『日本史研究』第五九四号、二〇一二年二月。

(43) 日本は福祉国家を経験していないという有力な説（後藤道夫・渡辺治説）が存在するために、高岡は福祉国家という用語を避け、より広い「社会国家」の概念を用いた。
(44) 大門正克／塚田孝「二〇一一年度日本史研究会大会報告批判　全体会シンポジウム」『日本史研究』第五九六号、二〇一二年四月。
(45) 前掲「序説『生存』の歴史学」三頁、大門正克『歴史への問い／現在への問い』校倉書房、二〇〇八年、六四頁、同『日常世界に足場をおく歴史学』本の泉社、二〇一九年、五二―五三頁。
(46) 高岡がフーコーを意識しているかどうかは不明である。少なくとも二〇一二年までの高岡の著作には、フーコーへの言及は見られないので、あくまでもこれは私の解釈であると断っておきたい。
(47) ミシェル・フーコー（高桑和巳訳）『安全・領土・人口』筑摩書房、二〇〇七年、四一五―四五二頁。生政治は、政治理論において伝統的な公的領域・私的領域の二分論を超える視点を提起するものでもあった（杉田敦『権力』岩波書店、二〇〇〇年、三八―三九頁）。なお、フーコーの人口論を読み解くために、重田園江『統治の抗争史―フーコー講義一九七八―七九』勁草書房、二〇一八年、が有益である。
(48) 前掲、大門正克／塚田孝「二〇一一年度日本史研究会大会報告批判　全体会シンポジウム」、一七頁。
(49) ミシェル・フーコー（慎改康之訳）『生政治の誕生』筑摩書房、二〇〇八年。
(50) サッチャー政権は、この年度のフーコーの講義が終わった一か月後の一九七九年五月四日に誕生した。
(51) 前掲『生政治の誕生』二三三―二三五頁。この点で、フーコーは「総力戦体制論」とは対極の立場にあると言えよう。
(52) 前掲『生政治の誕生』三〇八頁。
(53) たとえば、ヤン・ド・フリース（吉田敦・東風谷太一訳）『勤勉革命』筑摩書房、二〇二一年。
(54) ファシズムに明確なイデオロギーが存在したという見方が成り立つとしても（ヤン＝ヴェルナー・ミュラー（板橋拓己・田口晃監訳）『試される民主主義―二〇世紀ヨーロッパの政治思想』上、岩波書店、二〇一九年）、暴力が先行し、後付けで理論が創られた事実は揺るがない。ムッソリーニが、政権を奪取する前年の一九二一年夏に、これから急いで「ファシズムの哲学」を作らねばならないと言った有名な事実はそれを裏付けている（バリントン・ムーア（宮崎隆次ほか訳）『独裁と民主政治の社会的起源』下、岩波文庫、二〇一九年、三四三頁）。

(55) チリでは暴力が優越したが、こうしたケースは一般的にはならなかった。新自由主義による民主主義の蚕食については、ウェンディ・ブラウン（中井亜佐子訳）『いかにして民主主義は失われていくのか―新自由主義の見えざる攻撃』みすず書房、二〇一七年、が鋭い指摘を行っている。

原稿募集

『年報日本現代史』第28号（二〇二三年刊行）の原稿を募集します。

応募資格は問いません。

内容は日本現代史にかかわる論文で、四〇〇字七〇枚以内（図表・注を含む）。

応募者は二〇二二年一二月二〇日までに完成原稿をお送りください。編集委員による審査を行い、その後に結果をお知らせします。なお、審査の結果、研究ノートとして採用する場合もあります。

原稿は、原則としてA4判、四〇字×四〇行を一枚とし、プリントアウトした原稿一部を左記までお送りください。また、同じ内容のPDFファイルを左記メールアドレスにお送りください。

採否にかかわらず、原稿は返却しません。ご了承ください。

原稿送り先

〒171-0021　東京都豊島区西池袋2-36-11
株式会社　現代史料出版内
「年報日本現代史」編集委員会
E-mail : gendaisi@atlas.plala.or.jp

『年報日本現代史』執筆規定

1. 原稿の種類　論文・研究ノート、及び編集委員が特に執筆を依頼したもの。

2. 原稿枚数　論文四〇〇字七〇枚程度、研究ノート四〇〇字五〇枚程度、その他は編集委員の依頼による。

3. 原稿提出　原稿は、完全原稿を提出する。ワープロ原稿は、A4判、四〇字×四〇行を一枚とし、プリントアウトしたもの一部と、同じ内容のPDFファイルを上記メールアドレスに送付する。注は全体での通し番号とし、文末に一括する。図版・写真などを転載する場合は、執筆者が許可を得ることとする。

4. 論文審査　編集委員による審査を行い、場合によっては、訂正・加筆を求めることがある。

5. 校正について　執筆者校正は原則として二回までとする。

編集後記

▼振り返ると、今号は編集委員が一度も対面で会うことなく、発刊を迎えるに至った。遠方の人とも、いざとなればすぐにオンラインで集まれるこの便利さは、今後も捨てがたい。他方で、ある学会で報告した際、参加者の表情を見ながらの応答ができないため、チャットで寄せられた質問にどう答えるべきか、困惑する場面も少なくなかった。しかし、それもじきに慣れてしまうのだろうか……。この場合、問題はコロナ禍そのものよりも、加速するデジタル化なるものが、私たちの感覚・認識に及ぼす影響の方だろう。それは社会運動にも、これから正負両面でさまざまな影を落とすに違いない。そして、運動を根底で支える、私たちの歴史へ向かう感覚（あるいは信頼）についても。問題は今に始まったことではないが、その行方を注視していきたい。

（戸邉秀明）

▼本年九月八日で調印七〇年を画した日米安保は今日、かつて直面したことのない全く新たな歴史的局面への対応を迫られつつある。沖縄はもちろん本土を含めた在日米軍基地は、ベトナム、アフガン、イラクなど米軍の侵略戦争の主要拠点となってきた。しかし今や、米中対決が先鋭化するなかで、沖縄や本土が米中戦争の最前線となり「戦場」と化す可能性も排除できない情勢となってきた。その場合、現状のままでは、沖縄戦が再現され膨大な民間人が犠牲となるであろう。この悲惨な事態を避けるためには、徹底した「国民保護」「軍民分離の原則」が貫かれる態勢を構築せねばならない。しかし何より重要なことは、日本が韓国やASEAN諸国とともに、東アジアの危機管理、緊張緩和、軍拡から軍縮への反転に向けた大きな潮流を作り出していくことである。

（豊下楢彦）

▼先日、ある学会の大会に参加した。大会はオンラインでの開催だ。オンライン学会に、多くの参加者は既に慣れていて、チャットを使って質問が次々に書き込まれ、参加者に共有される。報告者が口頭で応答すると、質問者はチャットで返答するので、時間の節約になる。自宅に居ながらにしてこのような議論に参加できるオンライン学会への満足感は高い。しかし、対面での大会で会場校に赴けば、開始前後の時間などに抜刷の交換をしたり、初めて会う研究者を紹介しあったり、出版社の方と話したりできる。オンライン学会の意義を認めつつ、対面での大会が有していたこのような貴重な「場」が、現状のオンライン学会は決して十分には準備されていない点も、忘れてはいけないと思う。（沼尻晃伸）

社会運動の一九六〇年代再考
年報・日本現代史　第26号　2021

2021年12月20日　第1刷発行

編　者　「年報日本現代史」編集委員会

発行者　赤川博昭
宮本文明

発行所　株式会社　現代史料出版
〒171 - 0021　東京都豊島区西池袋2-36-11　TEL(03)3590-5038　FAX(03)3590-5039
発　売　東出版株式会社

Printed in Japan　印刷・製本　亜細亜印刷
落丁本・乱丁本はお取替えいたします
ISBN978-4-87785-374-7

「年報日本現代史」バックナンバー

創刊号　戦後五〇年の史的検証　本体価格二、九一三円

第2号　現代史と民主主義　本体価格三、一〇七円

第3号　総力戦・ファシズムと現代史　（品切）

第4号　アジアの激変と戦後日本　本体価格三、二〇〇円

第5号　講和問題とアジア　本体価格三、二〇〇円

第6号　「軍事の論理」の史的検証　本体価格三、二〇〇円

第7号　戦時下の宣伝と文化　（品切）

第8号　戦後日本の民衆意識と知識人　（品切）

第9号　象徴天皇制と現代史　本体価格三、二〇〇円

第10号「帝国」と植民地―「大日本帝国」崩壊六〇年―　本体価格三、六〇〇円

第11号　歴史としての日本国憲法　本体価格三、六〇〇円

Ⅰ　中曽根康弘からみた戦後の改憲史／渡辺治　Ⅱ　沖縄と「平和」憲法についての断章／明田川融　Ⅲ　戦後社会主義勢力と象徴天皇制／冨永望　Ⅳ　日本国憲法成立の世界史的・民衆的文脈／河上暁弘　◆現代史の扉（中村政則）

第12号　現代歴史学とナショナリズム　本体価格三、六〇〇円

Ⅰ　近衛新体制期における自由主義批判の展開／源川　真希　Ⅱ　「皇国史観」考／昆野伸幸　Ⅲ　敗戦後の皇居／河西秀哉　Ⅳ　一九五〇年代の反基地闘争とナショナリズム／松田圭介　Ⅴ　戦争の記憶とナショナリズム／吉田俊　Ⅵ　宗教右翼と現代日本のナショナリズム／上杉聰　◆現代史の扉（由井正臣）

第13号　戦後体制の形成―一九五〇年代の歴史像再考―　本体価格三、六〇〇円

Ⅰ　自由党型政治の定着／中北浩爾　Ⅱ　地方政治における戦後体制の成立／功刀俊洋　Ⅲ　一九五〇年代における経済自立と開発／浅井良夫　Ⅳ　一九五〇年代の農業諸制度と政府―農民関係／岩本純明　Ⅴ　鳩山政権期の日米関係とジュネーブ会談／吉次公介　【小特集】連合国戦争犯罪政策の再検討／林博史　手紙の中の「東京裁判」／川島高峰　◆現代史の扉（原朗）

第14号　高度成長の史的検証　本体価格三、六〇〇円

Ⅰ　自衛隊における〝戦前〟と〝戦後〟／植村秀樹　Ⅱ　一九六〇～七〇年代における日本社会党の党組織と江田三郎／岡田一郎　Ⅲ　社会開発の挫折とその背景／菊池信輝　Ⅳ日本の大気汚染問題の推移と教訓／傳喆・寺西俊一　Ⅴ　東京オリンピックと高度成長の時代／石坂友司　◆現代史の扉（暉峻衆三）

第15号　六〇年安保改定とは何だったのか　（品切）

第16号　検証　アジア・太平洋戦争　本体価格三、二〇〇円

Ⅰ　日本外務省の対外戦略の競合とその帰結　一九三三～一九三八／武田知己　Ⅱ　日独伊三国同盟をめぐる蔣介石の多角外交／鹿錫俊　Ⅲ　海軍の対米開戦決意／手嶋泰伸　Ⅳ　戦争と財閥／春日豊　Ⅴ　音楽のアジア・太平洋戦争／戸ノ下達也　◆現代史の扉（粟屋憲太郎）

第17号　軍隊と地域　本体価格三、二〇〇円

Ⅰ　日本陸軍の典範令に見る秋季演習／中野良　Ⅱ　軍隊の「災害出動」制度の展開／吉田律人　Ⅲ　軍港都市呉における海軍受容／林美和　Ⅳ　〝基地の街〟岩国の戦後史／池田慎太郎　Ⅴ　一九五〇年代沖縄における「基地経済」と「自立経済」の相剋／櫻澤誠　Ⅵ　米軍基地売買春と地域／平井和子　◆現代史の扉（笠原十九司）

第18号　戦後地域女性史再考　本体価格三、二〇〇円

Ⅰ　〈はじめの一歩〉のために―山代巴の課題意識／牧原憲夫　Ⅱ　戦後農村女性の生活と生活記録／北河賢三　Ⅲ　米軍統治下沖縄における性産業と女性たち／小野沢あかね　Ⅳ　戦後思想史における森崎和江／小林瑞乃　Ⅴ　戦後農村における地域婦人会活動の軌跡／高木重治　Ⅵ　戦後女性史研究の動向と課題／早川紀代　◆現代史の扉（永原和子）

第19号　ビキニ事件の現代史　本体価格三、二〇〇円

Ⅰ　第五福竜丸事件と日米関係／黒崎　輝　Ⅱ　第五福竜丸事件の政治経済学／山本義彦　Ⅲ　ビキニ事件六〇年、今ふりかえる一九五三～五四年／丸浜江里子　Ⅳ「ビキニ事件」と安保改定／中西哲也　Ⅴ　第五福竜丸事件からビキニ事件へ／山本昭宏　Ⅵ　放射能汚染からの地域再生／中原聖乃

第20号　戦後システムの転形　本体価格三、二〇〇円

Ⅰ　戦時体制再考／米山忠寛　Ⅱ　「戦後法学」の形成／出口雄一　Ⅲ　都市・自治体政治における「戦後体制」とその変容／源川真希　Ⅳ　沖縄の米軍基地問題と「吉田ドクトリン」論／植村秀樹　Ⅴ　戦後七〇年の日本とアジア／宮城大蔵　Ⅵ　ドイツ連邦共和国における戦後システムと歴史認識／中田潤　◆現代史の扉（天川晃）

第21号　東京裁判開廷七〇年　本体価格三、二〇〇円

Ⅰ　パル意見書／中里成章　Ⅱ　「敗者の裁き」再考／永井均　Ⅲ　序列化された戦争被害／宇田川幸大　Ⅳ　カナダと東京裁判／高取由紀　◆現代史の扉（森武麿）

第22号　日中戦争開戦八〇年　本体価格三、二〇〇円

Ⅰ　村と動員体制／小林啓治　Ⅱ　日中戦争の拡大と海軍／手嶋泰伸　Ⅲ　日中全面戦争の展開と難民問題／芳井研一　Ⅳ　日中戦争期植民地鉄道の「軍用品」輸送／竹内祐介　Ⅴ　総力戦と日本の軍事精神医療／中村江里　Ⅵ　〈石川達三と火野葦平〉の語り／神子島健　◆現代史の扉（豊下楢彦）

第23号　新自由主義の歴史的射程　本体価格三、二〇〇円

◆シンポジウム　菊池信輝著『日本型新自由主義とは何か』をめぐって　＊コメント／小沢弘明／浅井良夫／源川真希／金井郁　＊リプライ／菊池信輝　◆特集論文　都市における水辺空間の再編／沼尻晃伸　◆現代史の扉（吉見義明）　◆小特集　戦時期東アジアと帝国日本の空間

第24号　戦争体験論の射程　本体価格三、二〇〇円

Ⅰ　「原爆の図」から沖縄戦シリーズへ／小沢節子　Ⅱ　「インテリ兵士」の日中戦争／望月雅士　Ⅲ　「記憶」を語るということ／小林瑞乃　Ⅳ　女性の戦争体験をめぐる「記憶」と「想像」／米田佐代子　◆現代史の扉（原田敬一）

第25号　朝鮮戦争と戦後日本　本体価格三、二〇〇円

Ⅰ　共通の朝鮮戦争像をもとめて／和田春樹　Ⅱ　現代中国にとっての朝鮮戦争／久保亨　Ⅲ　戦後日本の経済復興と朝鮮戦争／武田晴人　Ⅳ　敗戦後の「平和」と再軍備／植村秀樹　Ⅴ　朝鮮戦争前後の「密航」防止活動における住民の活用／李英美　Ⅵ　朝鮮戦争下の日本における「不戦アジア人権を守る会」の運動について／小林知子　◆現代史の扉（赤澤史朗）